Yutaka Tanaka

Perceção dos riscos e aceitação pública de novas técnicas de seleção de culturas

Yutaka Tanaka

Perceção dos riscos e aceitação pública de novas técnicas de seleção de culturas

ScienciaScripts

Imprint

Cover image: www.ingimage.com

This book is a translation from the original published under ISBN 978-620-2-02842-4.

Publisher:
Sciencia Scripts
is a trademark of
Dodo Books Indian Ocean Ltd. and OmniScriptum S.R.L publishing group

120 High Road, East Finchley, London, N2 9ED, United Kingdom
Str. Armeneasca 28/1, office 1, Chisinau MD-2012, Republic of Moldova, Europe
Printed at: see last page
ISBN: 978-620-8-12590-5

Yutaka Tanaka

Perceção dos riscos e aceitação pública de novas técnicas de seleção de culturas

RESUMO

As novas tecnologias de melhoramento vegetal (NPBT), também designadas por novas técnicas de melhoramento (NBT), têm recebido recentemente atenção a nível mundial, como tecnologia genética da próxima geração. O presente estudo teve como objetivo analisar em pormenor as atitudes do público em geral em relação às culturas NBT, examinar a validade dos modelos psicológicos para prever a aceitação das culturas NBT, investigar o nível de aceitação de vários tipos de culturas NBT e agrupar essas culturas NBT. Antes do estudo principal, foi realizado um estudo-piloto que consistiu numa discussão de grupo com donas de casa para identificar os conteúdos concretos de cada um dos factores relacionados (ou seja, risco percebido, benefício percebido, confiança, sentido de bioética, ansiedade e raiva).

O inquérito social indicou que, embora o público em geral reconheça, em certa medida, os benefícios das culturas NBT e os esforços das pessoas e empresas envolvidas nas culturas NBT, tem dúvidas quanto à segurança das culturas NBT, sente-se ansioso em relação a elas e pensa que existem alguns problemas éticos relacionados com as culturas NBT, o que dificulta a sua aceitação pessoal e social desta tecnologia. Além disso, o inquérito revelou diferenças entre os sexos na atitude em relação às culturas NBT, com os homens a mostrarem atitudes mais positivas do que as mulheres. Além disso, as pessoas que tinham filhos tinham uma atitude mais negativa em relação às culturas NBT do que as pessoas sem filhos.

A validade dos modelos causais desenvolvidos para prever a aceitação das culturas NBT foi examinada utilizando a modelação de equações estruturais (SEM). Os resultados mostraram que os factores psicológicos de risco percebido, benefício percebido, confiança, sentido de bioética, ansiedade e raiva desempenharam papéis importantes na previsão da aceitação pessoal e pública das culturas NBT por parte do público em geral. Os factores emocionais, como a confiança, o sentido da bioética, a ansiedade e a raiva, foram particularmente importantes. Por outro lado, os factores cognitivos, como o risco percebido e o benefício percebido, foram importantes, mas não influenciaram significativamente a aceitação das culturas NBT.

Uma análise de agrupamento revelou que os produtos da NBT podiam ser classificados em 5 grupos com base no grau de aceitação do público. Além disso, entre estes grupos, os produtos da NBT que não são alimentos eram considerados relativamente seguros e benéficos, e esses produtos tendiam a ser aceites mais facilmente pelo público em geral.

AGRADECIMENTOS

Este trabalho foi apoiado pelo Cabinet Office, Governo do Japão, Programa Interministerial de Promoção da Inovação Estratégica (SIP), "Tecnologias para a criação da próxima geração de agricultura, silvicultura e pescas" (agência de financiamento: Bio-oriented Technology Research Advancement Institution, NARO). O autor agradece a contribuição de Yuki Sasakawa e Yoshiko Sassa pela realização de apresentações sobre as culturas de Novas Técnicas de Reprodução (NBT) aos participantes no Estudo 1.

ÍNDICE

CAPÍTULO 1 : INTRODUÇÃO

AS ATITUDES DO PÚBLICO EM GERAL EM RELAÇÃO À BIOTECNOLOGIA

Até agora, as atitudes do público em geral em relação à biotecnologia e às culturas geneticamente modificadas (GM) têm sido investigadas na União Europeia (UE), nos Estados Unidos (EUA), no Japão e noutras nações (Gaskell et al., 2000; Priest, 2000; Macer & Chen Ng, 2000; Spence & Townsend, 2006; Gaskell et al., 2006; Lang & Priest, 2007; Tanaka, 2013). Tanaka (2007) realizou um inquérito a uma amostra de 3000 homens e mulheres com 20 anos ou mais, para compreender a atitude dos japoneses em relação aos alimentos GM. Os resultados revelaram uma atitude globalmente negativa. O **Eurobarómetro** - o inquérito social mais notável na Europa - **também** revelou que a maioria do público europeu em geral não apoiava o conceito de culturas GM, embora houvesse uma variação considerável entre os países (Gaskell et al., 2000; Spence & Townsend, 2006; Gaskell et al., 2006; Lang & Priest, 2007; Comissão Europeia, 2010). Além disso, verificou-se que os americanos têm atitudes mais positivas em relação às culturas GM do que os europeus e, na amostra americana, as pessoas estavam divididas quanto à aceitação das culturas GM (Priest, 2000; Lang & Priest, 2007). Anderson e Jackson (2003) e Spence e Townsend (2006) referiram que a diferença de atitudes entre europeus e americanos pode dever-se ao maior número de crises alimentares que ocorreram na Europa e à menor confiança dos europeus nas instituições governamentais. O Eurobarómetro realizado em 2010 também fez perguntas sobre as Novas Técnicas de Reprodução (NBT) (Comissão Europeia, 2010). Os resultados mostraram que, embora os europeus aceitassem os potenciais benefícios da transferência vertical de genes - ou seja, quando um organismo recebe material genético do seu antepassado, por exemplo, um progenitor ou a espécie a partir da qual evoluiu -, tinham algumas reservas quanto à segurança e ao potencial impacto da transferência vertical de genes no ambiente. Além disso, embora uma percentagem marginal considerasse que esses produtos deviam ser incentivados, insistiram na necessidade de uma rotulagem especial desses produtos alimentares. Por outro lado, não viam os benefícios da transferência horizontal de genes - ou seja, um processo em que um organismo incorpora material genético de outro organismo sem ser descendente desse organismo - e tinham fortes reservas sobre a sua segurança, sentiam que a rotulagem especial dos produtos alimentares era necessária e que este método não deveria ser incentivado (Comissão Europeia, 2010). Além disso, Tanaka (2013) encontrou lacunas nas atitudes em relação às culturas produzidas com técnicas tradicionais de melhoramento de plantas e culturas GM, indicando que as atitudes das pessoas em relação às culturas GM eram mais negativas do que em relação às culturas produzidas com técnicas tradicionais de melhoramento de plantas, especificamente no que diz respeito a factores como o risco percebido, o benefício percebido, a confiança, o sentido de bioética e a aceitação.

NOVAS TÉCNICAS DE MELHORAMENTO VEGETAL: UMA TECNOLOGIA GENÉTICA DA PRÓXIMA GERAÇÃO

As NBT (também designadas por Novas Técnicas de Melhoramento de Plantas; NPBT) foram recentemente objeto de atenção a nível mundial, enquanto tecnologia genética da próxima geração. Uma vez que estas tecnologias podem seguir a tecnologia tradicional de recombinação de genes, a investigação e o desenvolvimento fundamentais para promover a sua utilização prática aumentaram consideravelmente. Na NBT são utilizados vários tipos de tecnologia, incluindo a tecnologia de edição de genomas. A utilização da NBT permite efetuar modificações genéticas com uma precisão exacta, em comparação com a tecnologia tradicional de recombinação de genes, e a primeira tem a vantagem de acelerar o processo de melhoramento das culturas (Hartung & Schiemann 2014; Kanchiswamy et al., 2015; Lusser et al., 2010). As NBT diferem das tecnologias GM tradicionais pelo facto de a maioria das tecnologias NBT se caracterizarem pela ausência do transgene inserido que, teoricamente, foi utilizado temporariamente como ferramenta na cultura final. Por conseguinte, é impossível detetar a utilização destas tecnologias quando as culturas são examinadas (Araki, Nojima, & Ishii 2014; Kanchiswamy et al., 2015; Lusser et al., 2010). Esta tecnologia ajuda a reduzir substancialmente os custos de desenvolvimento de uma nova variedade de cultura e permite a utilização eficiente dos recursos genéticos nacionais. Atualmente, os estudos que confirmam a segurança desta tecnologia estão a ser realizados em paralelo com outras actividades de investigação e desenvolvimento. No entanto, a atual controvérsia mundial é se as culturas cultivadas com NBT (a seguir designadas culturas NBT) devem ser consideradas organismos geneticamente modificados (OGM) e se as culturas NBT devem ser regulamentadas como OGM (Hartung & Schiemann 2014; Kanchiswamy et al., 2015; Schiemann & Hartung, 2014).

Os investigadores, os decisores políticos e os gestores de viveiros agrícolas estão cada vez mais preocupados com o facto de o público em geral poder ficar apreensivo quanto à segurança das culturas NBT se estas forem vendidas no mercado, tal como aconteceu no caso dos OGM. De um ponto de vista científico, não se espera que as culturas NBT apresentem maiores riscos para a saúde humana ou para o ambiente (Hartung & Schiemann, 2014; Jaffe, 2014; Schiemann & Hartung, 2014). No entanto, prevê-se que o público em geral se sinta ansioso e tenha atitudes negativas em relação à tecnologia NBT de um ponto de vista bioético, porque envolve a modificação de genes, tal como os OGM. Além disso, a incapacidade de detetar o uso da tecnologia para modificar os genes na cultura final pode precipitar maior ansiedade e atitudes negativas em relação à NBT do que em relação aos OGM, o que, por sua vez, pode dificultar a aceitação da NBT pelo público em geral (Ishii & Araki, 2016; Jaffe, 2014; Lucht, 2015; Schiemann & Hartung, 2014).

MODELOS PSICOLÓGICOS QUE AFECTAM A ACEITAÇÃO DOS OGM E DE VÁRIAS TECNOLOGIAS

Alguns estudos examinaram os factores psicológicos que afectam a aceitação dos OGM e das biotecnologias relacionadas com as culturas NBT. Os factores psicológicos, como a perceção dos riscos, a perceção dos benefícios, a confiança e o sentido da bioética, têm tido um efeito significativo na aceitação das biotecnologias (Costa-Font, Gil, & Traill, 2008; Frewer, 2003; Gaskell et al., 2006; Lang & Priest, 2007; Spence & Townsend, 2006; Tanaka, 2004; Townsend & Campbell 2004). Por exemplo, Tanaka (2004) utilizou a modelação de equações estruturais (SEM) para examinar a validade de um modelo causal desenvolvido para prever a aceitação da tecnologia de recombinação de genes. Os resultados indicaram que a perceção do risco, a perceção do benefício, a confiança nas instituições ou nas pessoas e o sentido da bioética tinham um efeito na aceitação da tecnologia genética.

Os modelos psicológicos dominantes atualmente utilizados para prever a aceitação de várias tecnologias, incluindo os relativos à aceitação de OGM, são compostos tanto por factores cognitivos, como o risco percebido e o benefício percebido, como por factores emocionais, como a confiança, o sentido de bioética, a ansiedade e a raiva (Breakwell, 2014; Bronfman et al, 2008; Finucane et al., 2011; Keller et al., 2012; McNally & Titchener, 2012; Poortinga & Pidgeon, 2005; Slovic et al., 2004; Tanaka et al., 2015; Xie et al., 2011). Esses estudos relataram que a aceitação de culturas NBT poderia ser prevista, até certo ponto, tanto por fatores cognitivos (ou seja, risco percebido e benefício percebido) quanto por fatores emocionais (ou seja, confiança, senso de bioética, ansiedade e raiva). Tanaka (2015) formulou modelos psicológicos para prever a aceitação de culturas NBT utilizando os factores psicológicos mencionados anteriormente e confirmou a validade dos modelos. Os resultados mostraram que fatores psicológicos, como risco percebido, benefício percebido, confiança, senso de bioética, ansiedade e raiva, desempenharam papéis importantes na aceitação pessoal e pública de culturas NBT, como foi o caso da aceitação de culturas produzidas usando técnicas tradicionais de melhoramento de plantas e culturas GM. Os resultados também indicaram que os factores emocionais, como a confiança e a ansiedade, eram particularmente importantes para a aceitação pessoal e pública, e que o fator de risco percebido era importante para prever o nível de aceitação pessoal das culturas NBT.

No entanto, noutro estudo de Tanaka (2015), não foram identificados conteúdos específicos relacionados com cada fator. Por exemplo, embora a ansiedade tenha sido considerada extremamente importante para a aceitação de culturas NBT no modelo psicológico, se não pudermos conhecer o conteúdo concreto da ansiedade, ou seja, se não soubermos por que nos sentimos ansiosos em relação às culturas NBT, o modelo psicológico pode não fornecer informações adequadas. Por conseguinte, é necessário formular modelos psicológicos desenvolvidos para prever a aceitação de culturas NBT.

Culturas NBT, incluindo os conteúdos específicos incluídos em cada fator.

OBJECTIVO DO PRESENTE ESTUDO

Como estudo-piloto, o Estudo 1 visava investigar conteúdos específicos incluídos em cada um dos factores (ou seja, risco percebido, benefício percebido, confiança, sentido de bioética, ansiedade e raiva). No Estudo 2, o primeiro objetivo era analisar em pormenor as atitudes do público em geral em relação às culturas NBT, o segundo objetivo era examinar a validade dos modelos psicológicos formulados utilizando os conteúdos específicos gerados no Estudo 1 para prever a aceitação das culturas NBT e o terceiro objetivo era investigar o nível de aceitação de vários tipos de culturas NBT e agrupar essas culturas NBT com base na sua aceitação.

CAPÍTULO 2 : ESTUDO 1

Antes do estudo principal, ou seja, o Estudo 2, foi realizado um estudo piloto para identificar os conteúdos concretos relacionados com cada um dos factores (ou seja, risco percebido, benefício percebido, confiança, sentido de bioética, ansiedade e raiva). Por conseguinte, o Estudo 1 consiste numa discussão de grupo com donas de casa.

MÉTODO

Participantes

A discussão em grupo foi efectuada com 30 mulheres casadas, com idades compreendidas entre os 20 e os 40 anos e que tinham um filho. Estas participantes foram recrutadas com a ajuda de uma empresa de inquéritos. **Palestra**

Uma professora, investigadora em biotecnologia, fez uma apresentação em PowerPoint de 45 minutos sobre as culturas NBT para os participantes.

Procedimentos

Em primeiro lugar, cada participante respondeu a perguntas abertas sobre a perceção do risco, a perceção do benefício, a confiança, o sentido da bioética, a ansiedade, a raiva, a aceitação pessoal e a aceitação pública em relação às culturas NBT. De seguida, ouviram a palestra sobre as culturas NBT. Os trinta participantes foram divididos em seis grupos de cinco pessoas cada e fizeram alguns jogos para reduzir a tensão inicial. Em grupo, classificaram a perceção do risco, a perceção do benefício, a confiança, o sentido da bioética, a ansiedade, a raiva, a aceitação pessoal e a aceitação pública em relação às culturas NBT. Enumeraram as razões das suas decisões de grupo e resumiram-nas num cartaz em branco, que apresentaram a todos os outros grupos. Por fim, cada participante respondeu individualmente ao mesmo questionário com algumas perguntas adicionais sobre a clareza da palestra, as mudanças na sua compreensão das culturas NBT através da discussão em grupo e se o seu interesse pelas culturas NBT aumentou com a sua participação na discussão em grupo.

RESULTADOS

Resumo das perguntas abertas para cada fator

Para cada um dos factores (ou seja, risco percebido, benefício percebido, confiança, sentido da bioética, ansiedade, raiva, aceitação pessoal e aceitação pública), é apresentado a seguir um resumo do conteúdo das respostas dos indivíduos ao questionário e das discussões em grupo:

(1) Risco percebido

- Se o NBT permite efetuar modificações genómicas com precisão em locais-alvo nas plantas, como explica o investigador?

- Se as culturas NBT são seguras se não existirem transgénios nas culturas?
- Se as culturas NBT foram verificadas como seguras de um ponto de vista científico?
- Se as culturas NBT são seguras mesmo que as comamos a longo prazo?
- Se as culturas NBT são tão seguras como as culturas produzidas com técnicas tradicionais de melhoramento vegetal?
- Se os investigadores desenvolvem culturas NBT tendo em conta a sua segurança?
- Se é seguro recombinar genes artificialmente?
- Se são divulgadas informações suficientes, incluindo o processo e os dados para confirmar a segurança das culturas NBT?

(2) Benefício percebido

- Se as NBT permitem produzir melhores culturas, por exemplo, culturas com bom sabor, bom aspeto e capazes de sobreviver a uma doença?
- Se as NBT permitem reduzir os custos de produção, como o tempo, o esforço e as despesas de produção agrícola?
- Se as NBT permitem produzir culturas sem serem afectadas por influências ambientais, como as condições do solo, o clima e as catástrofes naturais?
- Se a NBT permite acelerar o processo de melhoramento vegetal?
- Se as NBT permitem produzir uma maior variedade de culturas e alargar a escolha de géneros alimentícios?
- Se a NBT permite resolver o problema da escassez de alimentos?
- Se as culturas NBT são benéficas para si?
- Se as NBT permitem aos consumidores obter culturas de melhor qualidade e menos dispendiosas?
- Se as NBT permitem melhorar as culturas que contêm substâncias tóxicas, transformando-as em culturas que não contêm substâncias tóxicas?

(3) Confiança

- Se as pessoas e empresas envolvidas nas culturas NBT divulgam informações suficientes?
- Se as pessoas e as empresas envolvidas nas culturas NBT consideram a conveniência dos produtores e de si próprias mais importante do que a conveniência da nação e dos seus consumidores?
- Se as pessoas e as empresas que participam nas culturas NBT dispõem de conhecimentos e tecnologias avançados?
- Se as pessoas e empresas envolvidas nas culturas NBT trabalham arduamente para desenvolver um novo
tecnologia e melhorar a qualidade das colheitas?
- Se as pessoas e empresas envolvidas nas culturas NBT estão a trabalhar arduamente para desenvolver as culturas NBT, tendo seriamente em conta a nação e os seus consumidores?
- Se as pessoas e empresas envolvidas nas culturas NBT estão a acumular experiências e estudos

para comunicar resultados e conclusões exactos utilizando métodos científicos?

- Se sabe que tipo de pessoas e empresas estão envolvidas na investigação e desenvolvimento de culturas NBT?

(4) O sentido da bioética

- Se os problemas relativos à bioética podem ser evitados se as NBT não forem aplicadas aos animais e aos seres humanos, mas apenas às culturas?
- Se é pouco ético alterar artificialmente as propriedades originais das plantas através da utilização de NBT?
- Se a seleção tradicional de plantas através de cruzamentos é antiética?
- Se os problemas de bioética podem ser evitados mesmo que as NBT sejam utilizadas para produzir culturas de alta qualidade?
- Se os problemas relativos à bioética podem ser evitados se o gene da planta que é utilizado para efetuar o cruzamento natural for estreitamente relacionado com o da planta original?
- É ou não ético manipular artificialmente um gene, mesmo que se trate de um gene de uma planta?
- É ético manipular artificialmente o gene de uma planta em prol do desenvolvimento da ciência e dos seres humanos?
- Se a NBT permite utilizar adequadamente a capacidade latente de uma planta?
- Se temos feito demasiada criação no domínio da agricultura, incluindo coisas que não parecem necessárias para a criação?

(5) Ansiedade

- Se se sente angustiado pelo facto de a nação e os seus consumidores não poderem observar diretamente, com os seus próprios olhos, os resultados e os processos de manipulação genética?
- Não se sentirá seguro se não existirem dados sobre as pessoas que comeram culturas NBT a longo prazo?
- Se se sente muito ansioso com as culturas NBT porque são alimentos?
- Se se sente preocupado com as culturas NBT porque foram modificadas artificialmente para conveniência dos seres humanos?
- Se acha que os seres humanos não podem conhecer os problemas associados à nova tecnologia antes de passar muito tempo?
- Se considera que a má influência sobre as crianças e as gerações futuras é mais preocupante do que a má influência sobre os adultos?
- Sente-se ansioso se o gene de uma planta utilizada para efetuar um cruzamento natural com a planta original estiver estreitamente relacionado com esta?
- Sente-se mais entusiasmado do que ansioso com as novas tecnologias, como a NBT?
- Se se sente preocupado com as culturas NBT se apenas forem selecionadas algumas boas variedades de culturas?

(6) Raiva

- Se acha que é um desejo natural dos seres humanos quererem produzir mais culturas de alta qualidade?
- Se se sente mais expetativa do que raiva perante uma nova tecnologia como a NBT?
- Acha que os NBT tornam a nossa vida alimentar e quotidiana mais rica?
- Se acha que os seres humanos fazem o que querem em relação à NBT?

Facilidade de compreensão da explicação do professor sobre as culturas NBT

Depois de o professor terminar a explicação sobre as culturas NBT, foi pedido aos participantes que avaliassem se a explicação era fácil de compreender. Os resultados correspondentes são apresentados na Figura 1. Especificamente, 86% dos participantes responderam que a explicação do professor foi fácil de compreender ('6. Extremamente fácil de compreender" + "5. Bastante fácil de compreender" + "4. Um pouco fácil de compreender"). Por outro lado, 13% dos participantes responderam que a explicação do professor foi difícil de compreender ('1. Extremamente difícil de compreender' +'2. Bastante difícil de compreender' + '3. Um pouco difícil de compreender').

Melhoria da compreensão das culturas NBT através de discussões em grupo

Após a conclusão das discussões em grupo sobre as culturas NBT, os participantes foram questionados individualmente se a sua compreensão das culturas NBT tinha melhorado devido à discussão em grupo. Os resultados correspondentes são apresentados na Figura 2. Todos os participantes referiram que as discussões em grupo tinham ajudado a aprofundar a sua compreensão das culturas NBT ('6. Tornei-me extremamente profundo" + '5. Aprofundaram-se razoavelmente' + '4. Um pouco aprofundados"). Por outro lado, nenhum participante respondeu que a sua compreensão das culturas NBT não tinha melhorado após as discussões em grupo ('1. não me aprofundei de todo' + '2. quase não me aprofundei' + '3. não me aprofundei assim tanto').

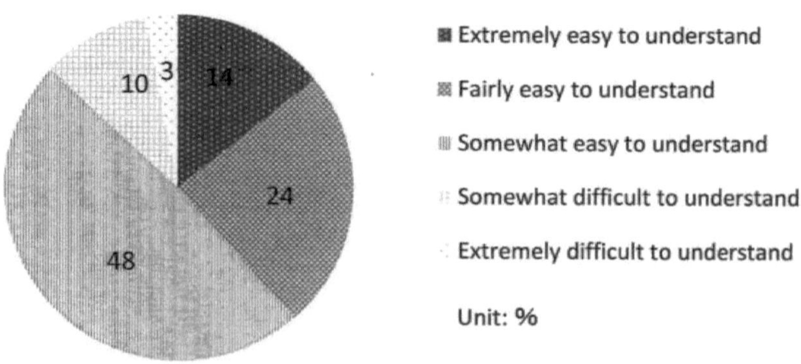

Figure 1 Facilidade de compreensão da explicação do conferencista sobre as culturas NBT

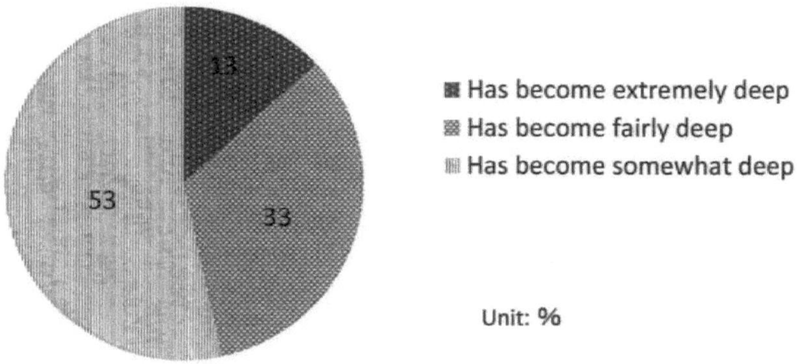

Figura 2: Aumento da profundidade do conhecimento sobre as culturas NBT devido às discussões em grupo

Aumento do interesse pela NBT Crops devido às discussões em grupo

Após as discussões em grupo sobre as culturas NBT, foi também perguntado aos participantes, individualmente, se o seu interesse pelas culturas NBT tinha aumentado devido à discussão em grupo. Como mostra a Figura 3, todos os participantes responderam que o seu interesse pelas culturas NBT tinha aumentado devido às discussões em grupo ('6. Aumentou muito ' + '5. Aumentou razoavelmente' + '4. Aumentou um pouco'). Por outro lado, nenhum participante respondeu que o seu interesse pelas culturas NBT não tinha aumentado devido às discussões em grupo ('1. Não aumentou de todo" + "2. Dificilmente aumentou" + "3. Não aumentou assim tanto").

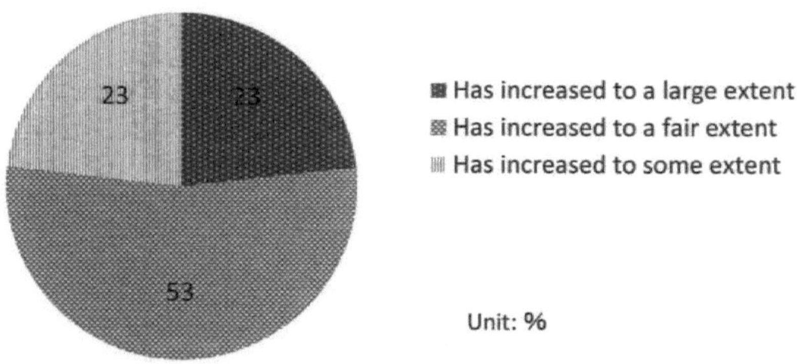

Figura 3: Aumento do interesse pelas culturas NBT devido às discussões em grupo

Em suma, os participantes consideraram que a explicação do professor sobre as culturas NBT foi clara e afirmaram que a sua compreensão das culturas NBT e o seu interesse por elas melhoraram devido à participação nos debates em grupo.

DISCUSSÃO

O Estudo 1 identificou os conteúdos concretos relacionados com cada fator identificado. No entanto, como cada fator envolveu vários itens, é importante identificar 3-4 itens que estejam mais relacionados com cada fator. Isto, por sua vez, simplificaria a constituição de cada fator e as análises subsequentes. Por conseguinte, considerou-se necessário realizar um novo inquérito com todos os itens e escolher 3-4 itens que representassem cada fator através de uma análise fatorial. Posteriormente, poderiam ser desenvolvidos modelos psicológicos pormenorizados e úteis sobre a aceitação das culturas NBT utilizando estes 3-4 itens representativos.

Como indicado na Figura 1, muitos participantes compreenderam a explicação fornecida sobre as culturas NBT. Os participantes do Estudo 1 eram donas de casa e a maioria deles não tinha quaisquer conhecimentos técnicos sobre biotecnologia. Por conseguinte, é possível concluir que a explicação dada pelo orador seria de fácil compreensão para o público em geral.

Figure 2 e 3 revelaram que a participação nas discussões em grupo tinha melhorado a compreensão e o interesse dos participantes nas culturas NBT. Por conseguinte, sugere-se que não só explicar as culturas NBT aos participantes, mas também dar-lhes a oportunidade de discutir a informação, pode promover a compreensão e o interesse dos participantes pelas culturas NBT. No entanto, como as pessoas com conhecimentos insuficientes ou atitudes inadequadas em relação às culturas NBT podem influenciar todo o grupo, pode ser desejável incluir membros com conhecimentos técnicos suficientes sobre as culturas NBT e pontos de vista adequados em relação à biotecnologia, como investigadores de culturas NBT e divulgadores científicos.

CAPÍTULO 3: ESTUDO 2

O estudo 2 foi realizado para analisar em pormenor as atitudes do público em geral em relação às culturas NBT, para examinar a validade dos modelos psicológicos formulados utilizando os conteúdos específicos gerados no estudo 1 para prever a aceitação das culturas NBT e para investigar o nível de aceitação de vários tipos de produtos NBT e para agrupar esses produtos NBT.

MÉTODO

Participantes

O inquérito foi realizado na metrópole de Tóquio, na prefeitura de Kanagawa, na prefeitura de Chiba e na prefeitura de Saitama, que são adjacentes à metrópole de Tóquio, no Japão. Uma amostra de 720 homens e mulheres com idade igual ou superior a 20 anos respondeu a um questionário auto-administrado. Primeiro, foram selecionados aleatoriamente 18 municípios e, depois, os indivíduos foram selecionados aleatoriamente nesses municípios. Cada município do Japão tem uma lista com a morada, o nome, a idade e o sexo de cada residente. Os investigadores utilizam estas listas de residentes para inquéritos sociais, e muitos inquéritos realizados no Japão selecionam indivíduos com base na informação demográfica contida nestas listas. No presente inquérito, as listas foram utilizadas para efetuar uma amostragem aleatória dos indivíduos.

A taxa de resposta foi de 65,4% (n = 471). Quase 50% (n = 240) dos participantes eram mulheres e aproximadamente 50% (n = 231) eram homens. Os participantes pertenciam aos seguintes grupos etários: cerca de 16% tinham 20-29 anos, 17% tinham 30-39 anos, 18% tinham 40-49 anos, 17% tinham 50-59 anos, 17% tinham 60-69 anos e 15% tinham 70 anos ou mais. A percentagem de participantes que tinham filhos com menos de um ano de escolaridade foi de 27,4% (n = 129). A margem de erro do inquérito foi de ± 3,65%, com um nível de confiança de 95%.

Modelos psicológicos

Foram desenvolvidos modelos psicológicos em que o "risco percebido" e o "benefício percebido" foram utilizados como factores cognitivos, e a "confiança", o "sentido da bioética", a "ansiedade" e a "raiva" foram utilizados como factores emocionais para prever a aceitação pessoal e pública das culturas NBT por parte do público em geral. Semelhante à análise de dados de Tanaka (2015), os modelos não foram fixados antecipadamente e as análises de dados foram realizadas hierarquicamente e repetidamente para formular um modelo final com o maior poder explicativo e validade no presente estudo.

Questionário

No que se refere à aceitação pessoal e pública das culturas NBT, os conteúdos concretos relacionados com cada fator identificado no Estudo 1 foram desenvolvidos como itens para o questionário. Como se pode ver nos resultados relativos às perguntas abertas desenvolvidas no Estudo 1, os itens desenvolvidos para a perceção do risco mediram oito variáveis, os desenvolvidos para a perceção do benefício mediram nove variáveis, os desenvolvidos para a confiança mediram sete variáveis, os desenvolvidos para o sentido da bioética mediram nove variáveis, os desenvolvidos para a ansiedade mediram nove variáveis e os desenvolvidos para a raiva mediram quatro variáveis. Para examinar a validade de cada fator, em referência aos estudos anteriores, foi acrescentado à lista de itens de cada fator um item considerado representativo de cada fator. Assim, um item representativo da "segurança das culturas NBT" foi acrescentado à "perceção do risco" e um item sobre os "benefícios das culturas NBT" foi acrescentado à "perceção dos benefícios". Um item sobre a "confiança nas pessoas e nas empresas que se ocupam das culturas NBT" foi acrescentado à "confiança", uma pergunta sobre a "concordância com a ordem natural" foi acrescentada ao "sentido da bioética" e um item sobre a "raiva em relação às culturas NBT" foi acrescentado à "raiva". No entanto, como alguns itens se referiam diretamente à ansiedade e havia mais do que um número adequado de perguntas para o fator ansiedade, considerou-se desnecessário acrescentar uma pergunta representativa sobre a ansiedade.

Como já foi referido, o questionário utilizado no Estudo 2 incluía nove perguntas sobre a "perceção do risco", dez perguntas sobre a "perceção do benefício", oito itens sobre a "confiança nas pessoas e nas empresas que se dedicam às culturas NBT", dez itens sobre o "sentido da bioética", nove itens sobre a "ansiedade" e cinco itens sobre a "raiva". Três perguntas relativas à "aceitação pessoal" (ou seja, "preocupação com a compra de legumes e frutas cultivados com NBT", "desejo de comprar legumes e frutas cultivados com NBT" e "apetência por legumes e frutas cultivados com NBT") e três itens relativos à "aceitação pública" (ou seja, "prós e contras de se tornar um consumidor de NBT").e. "prós e contras de se tornar popular na sociedade japonesa", "prós e contras da aceitação pelos consumidores japoneses das culturas cultivadas com NBT", e "prós e contras da compra pelos consumidores japoneses de culturas cultivadas com NBT") foram adicionados para produzir um total de 57 perguntas. Os itens incluídos no questionário final são os seguintes:

(1) Risco percebido

V 1: Considera que as culturas que utilizam NBT são seguras?

V 2: Considera que os NBT permitem efetuar modificações genómicas com precisão nos sítios-alvo das plantas, como explicou o investigador?

V 3: Considera que as culturas cultivadas com NBT (culturas NBT) são seguras se não existirem transgénios nas culturas?

V 4: Considera que as culturas NBT foram verificadas como seguras de um ponto de vista científico?

V 5: Considera que as culturas NBT são seguras mesmo que as consuma a longo prazo?

V 6: Considera que as culturas NBT são tão seguras como as culturas produzidas através de técnicas tradicionais de melhoramento vegetal?

V 7: Considera que os investigadores que se ocupam das culturas NBT as estudam e desenvolvem tendo em conta a segurança?

V 8: Achas que é seguro recombinar genes artificialmente?

V 9: Considera que são divulgadas informações suficientes, incluindo o processo e os dados para confirmar a segurança das culturas NBT?

(2) Benefício percebido

V 10: Considera que as culturas que utilizam NBT são benéficas?

V 11: Considera que as NBT permitem produzir melhores culturas, por exemplo, culturas com bom sabor, bom aspeto e capazes de sobreviver a uma doença?

V 12: Considera que as NBT permitem reduzir os custos de produção, nomeadamente o tempo, o esforço e as despesas de produção agrícola?

V 13: Considera que as NBT permitem produzir culturas sem serem afectadas por influências ambientais, como as condições do solo, o clima e as catástrofes naturais?

V 14: Considera que as NBT permitem acelerar o processo de melhoramento vegetal?

V 15: Considera que as NBT permitem produzir uma maior variedade de culturas e alargar a escolha de produtos alimentares?

V 16: Considera que a NBT permite resolver o problema da escassez de alimentos?

V 17: Considera que as culturas NBT são benéficas para si?

V 18: Considera que as NBT permitem aos consumidores obter culturas de melhor qualidade e menos dispendiosas?

V 19: Considera que é benéfico se as NBT permitirem melhorar as culturas que contêm substâncias tóxicas, transformando-as em culturas que não contêm substâncias tóxicas?

(3) Confiança

V 20: Considera que as pessoas e as empresas relacionadas com as culturas que utilizam NBT são fiáveis?

V 21: Considera que as pessoas e empresas envolvidas em culturas NBT divulgam informações suficientes?

V 22: Considera que as pessoas e empresas envolvidas nas culturas NBT consideram a conveniência dos produtores e de si próprias mais importante do que a conveniência da nação e dos seus consumidores?

V 23: Considera que as pessoas e empresas envolvidas nas culturas NBT possuem conhecimentos e tecnologias avançadas?

V 24: Considera que as pessoas e as empresas envolvidas nas culturas NBT trabalham arduamente para desenvolver uma nova tecnologia e melhorar a qualidade das culturas?

V 25: Considera que as pessoas e as empresas envolvidas nas culturas NBT se esforçam por desenvolver as culturas NBT tendo seriamente em conta a nação e os seus consumidores?

V 26: Considera que as pessoas e as empresas que se dedicam às culturas NBT acumulam experiências e estudos para comunicar resultados e conclusões exactos utilizando métodos científicos?

V 27: Sabe que tipo de pessoas e empresas estão envolvidas na investigação e desenvolvimento de culturas NBT?

(4) O sentido da bioética

V 28: Achas que fazer culturas com NBT é contra o funcionamento da natureza?

V 29: Considera que os problemas relacionados com a bioética podem ser evitados se as NBT não forem aplicadas aos animais e aos seres humanos, mas apenas às culturas?

V 30: Considera que não é ético alterar artificialmente as propriedades originais das plantas através da utilização de NBT?

V 31: Considera que a seleção tradicional de plantas através de cruzamentos não é ética?

V 32: Considera que os problemas de bioética podem ser evitados mesmo que as NBT sejam utilizadas para produzir culturas de alta qualidade?

V 33: Considera que os problemas relacionados com a bioética podem ser evitados se o gene da planta que é utilizado para efetuar o cruzamento natural for estreitamente relacionado com o da planta original?

V 34: Considera que não é ético manipular um gene artificialmente, mesmo que esse gene seja o de uma planta?

V 35: Considera que é ético manipular artificialmente o gene de uma planta em prol do desenvolvimento da ciência e dos seres humanos?

V 36: Considera que as NBT permitem tirar o máximo partido da capacidade latente de uma planta?

V 37: Considera que temos feito demasiadas criações, incluindo coisas que não parecem necessárias para a criação no domínio da agricultura?

(5) Ansiedade

V 38: Sente-se preocupado com o facto de a nação e os seus consumidores não poderem observar com os seus próprios olhos os resultados e os processos de manipulação genética?

V 39: Acha que não se sentirá seguro se não existirem dados sobre as pessoas que comeram culturas NBT a longo prazo?

V 40: Sente-se muito ansioso em relação às culturas NBT por se tratar de alimentos?

V 41: Sente-se preocupado com as culturas NBT porque foram modificadas artificialmente para conveniência dos seres humanos?

V 42: Considera que o ser humano não pode conhecer os problemas associados a uma nova tecnologia antes de passar muito tempo?

V 43: Considera que a má influência nas crianças e nas gerações futuras é mais preocupante do que a má influência nos adultos?

V 44: Sente-se ansioso se o gene de uma planta utilizada para efetuar cruzamentos naturais com a planta original for estreitamente relacionado com esta?

V 45: Sente-se mais entusiasmado do que ansioso com as novas tecnologias, como a NBT?

V 46: Sente-se preocupado com as culturas NBT se apenas forem selecionadas algumas boas variedades de culturas?

(6) Raiva

V 47: Sente-se zangado com as culturas que utilizam NBT?

V 48: Considera que é um desejo natural dos seres humanos quererem produzir mais culturas de qualidade?

V 49: Sente mais expetativa do que raiva em relação a uma nova tecnologia como a NBT?

V 50: Considera que os NBT tornam a nossa vida alimentar e quotidiana mais rica?

V 51: Considera que os seres humanos fazem o que lhes apetece em relação à NBT?

(7) Aceitação pessoal

V 52: Quando compra legumes e frutas, preocupa-se com o facto de os legumes e frutas terem sido cultivados com recurso a NBT?

V 53: Importa-se de comprar legumes e frutas cultivados com NBT ou evita comprá-los?

V 54: Importa-se de comer legumes e frutas cultivados com NBT ou quer evitar comê-los?

(8) Aceitação do público

V 55: É a favor ou contra o aumento da popularidade das culturas cultivadas com NBT na sociedade japonesa?

V 56: Considera que os consumidores japoneses devem aceitar as culturas cultivadas com NBT?

V 57: Considera que os consumidores japoneses deveriam comprar as culturas produzidas com NBT?

Todos os itens do questionário foram respondidos utilizando uma escala de 6 pontos. Por exemplo, para os itens relativos à "perceção de risco", foram incluídas as seguintes opções de resposta: (1) "extremamente perigoso", (2) "bastante perigoso", (3) "algo perigoso", (4)
(4) "um pouco seguro", (5) "bastante seguro" e (6) "extremamente seguro". Foi pedido aos participantes que assinalassem com um círculo a opção que consideravam mais adequada.

RESULTADOS

Fiabilidade dos itens que constituem cada fator

Para confirmar a fiabilidade dos itens que constituem cada fator, foram calculados os coeficientes alfa de Cronbach para os seguintes factores "perceção do risco" (9 itens), "perceção do benefício" (10 itens), "confiança nas pessoas e nas empresas ligadas às culturas NBT" (10 itens), "sentido da bioética" (10 itens), "ansiedade" (9 itens) e "raiva" (5 itens), "aceitação pessoal" (3 itens) e "aceitação pública" (3 itens). Estes resultados (Quadro 1) indicam que os coeficientes alfa de Cronbach para cada fator foram de pelo menos 0,89, demonstrando uma fiabilidade muito elevada.

Tabela 1: Coeficientes de fiabilidade das escalas para cada fator (α de Cronbach)

Fator (variáveis)		α de Cronbach
Fl	Risco percebido (VI, V2, V3, V4, V5, V6, V7, V8, V9)	.95
F2	Benefício percebido (V10, Vll5 V12, V13, V14, V15, V16, V17, V18, V19)	.96
F3	Confiança (V20, V21, V22, V23, V24, V25, V26, V27)	.89
F4	Sentido da bioética (V28, V29, V30, V31, V32, V33, V34, V35, V36, V37)	.98
F5	Ansiedade (V38, V39, V40, V41, V42, V43, V44, V45, V46)	.97
F6	Raiva (V47, V48, V49, V50, V51)	.91
F7	Aceitação pessoal (V52, V53, V54)	.95
F8	Aceitação pública (V55, V56, V57)	.97

Itens representativos de cada fator

Para identificar os itens representativos de cada fator e reduzir o número de itens do questionário, foram realizadas análises factoriais para cada fator. Em seguida, foram escolhidos três itens representativos para cada fator, de acordo com os coeficientes do caminho do fator para cada item. Quanto ao fator aceitação do público, os coeficientes do caminho eram elevados apenas para dois itens; por conseguinte, estes dois itens foram escolhidos como os itens representativos da aceitação do público. Estes resultados são apresentados no Quadro 2.

Tabela 2: Itens representativos de cada fator

Fator (Itens)	Coeficientes da trajetória Aceitação pessoal	 Aceitação do público
Fator 1 : Perceção do risco		
V3	.89	.91
V5	.89	.90
V8	.92	.93
Fator 2: Benefício percebido[a]		
Vll	.86	.89
V12	-	.85
V14		.89
V15	.83	-
V18	.84	-
Fator 3: Confiança		
V23	.88	.92
V24	.92	.94
V26	.89	.89
Fator 4: Sentido da bioética		
V29	.93	.94
V30	.93	.93
V35	.93	.94
Fator 5: Ansiedade		
V39	.88	.88
V40	.89	.88
V41	.95	.97
Fator 6: Raiva		
V49	.87	.88
V50	.91	.91
V51	.88	.89
Fator 7: Aceitação pessoal		
V52	.89	
V53	.93	-
V54	.92	-
Fator 8: Aceitação do público		
V56	-	.98
V57	-	.96

[a]Quanto ao "benefício percebido", Vll, V15 e V18 foram utilizados para medir a aceitação pessoal, e Vll, Vl2 e Vl4 foram utilizados para medir a aceitação pública.

Atitudes das pessoas em relação às culturas NBT e diferenças entre atribuições

(1) Atitudes das pessoas em relação às culturas NBT

Foram efectuadas tabulações simples para determinar as atitudes dos japoneses em relação a cada um dos 57 itens. No entanto, nem todos os resultados foram apresentados neste documento devido a limitações de espaço. Alguns itens já tinham sido omitidos do Quadro 2, mas o número restante de itens ainda era grande. Por conseguinte, foram efectuadas tabulações simples dos itens que representavam mais fortemente os factores (V8, V11, V24, V35, V41, V50, V53 e V56). Além disso, os participantes com dados em falta foram excluídos das análises.

i) Risco percebido

O resultado da V 8, "Acha que é seguro recombinar genes artificialmente?", é apresentado na Figura 4. A maioria das pessoas considera que a recombinação artificial de genes é perigosa.

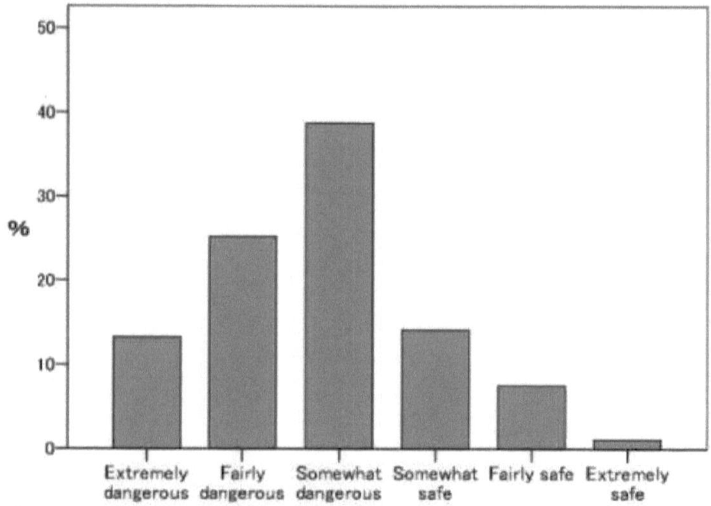

Figura 4: Acha que é seguro recombinar genes artificialmente? (V 8)

Ü) Benefício percebido

O resultado da V 11, "Acha que a NBT permite produzir melhores culturas, como culturas com bom sabor, bom aspeto e capazes de sobreviver a uma doença?", é apresentado na Figura 5. Evidentemente, as opiniões dos participantes podem ser divididas em dois grupos: os que pensam que a NBT permite desenvolver melhores culturas e os que não pensam assim.

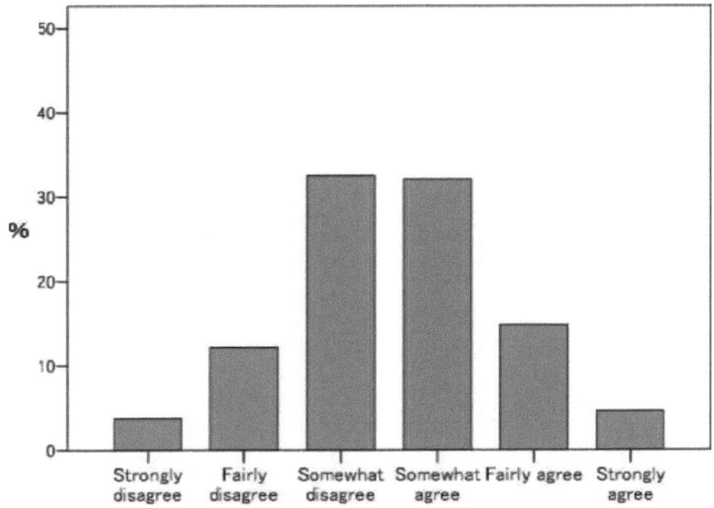

Figura 5: Acha que as NBT permitem fazer melhores colheitas, por exemplo, colheitas com bom sabor, bom aspeto e capazes de sobreviver a uma doença? (V 11)

ш) Confiança

O resultado da V 24, "Acha que as pessoas e empresas envolvidas em culturas NBT trabalham arduamente para desenvolver uma nova tecnologia e melhorar a qualidade das culturas?", é apresentado na Figura 6. A maioria dos participantes considera que as pessoas e as empresas que se dedicam às culturas NBT se esforçam por desenvolver uma nova tecnologia e melhorar a qualidade das culturas.

a)) Sentido da bioética

O resultado da V 35, "Acha que é ético manipular artificialmente o gene de uma planta em prol do desenvolvimento da ciência e dos seres humanos?", é apresentado na Figura 7. É evidente que a maioria das pessoas considera ético manipular artificialmente o gene de uma planta.

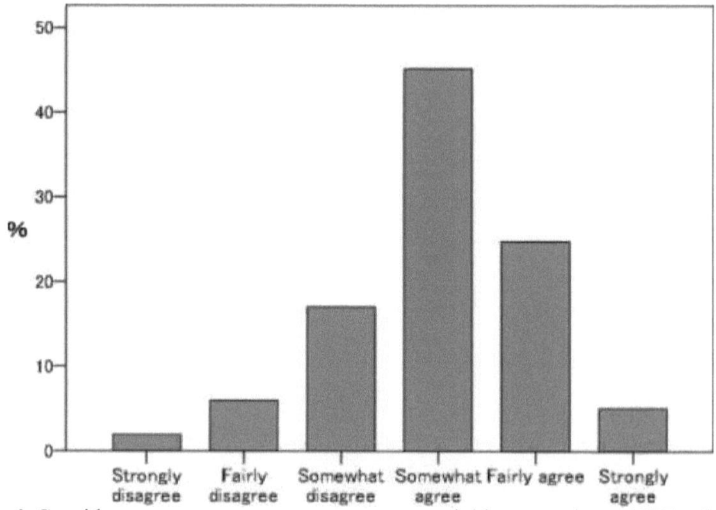

Figura 6: Considera que as pessoas e as empresas envolvidas nas culturas NBT trabalham arduamente para desenvolver uma nova tecnologia e para melhorar a qualidade das culturas? (V 24)

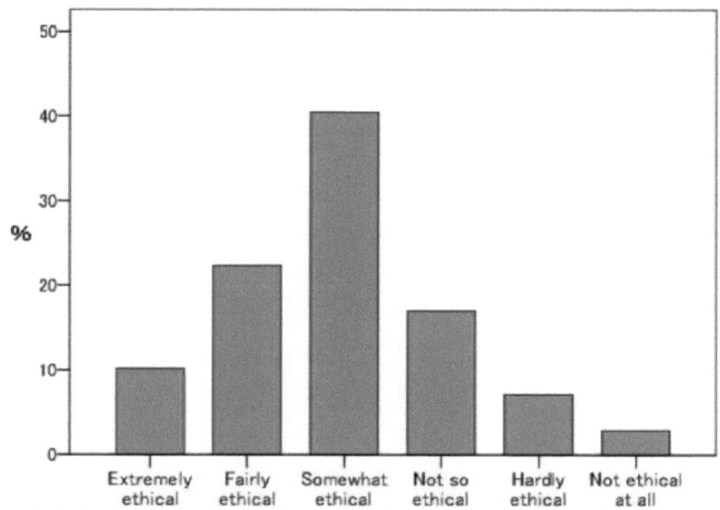

Figura 7: Acha que é ético manipular artificialmente o gene de uma planta em prol do desenvolvimento da ciência e dos seres humanos? (V 35)

v) Ansiedade

O resultado para V 41, "Sente-se preocupado com as culturas NBT pelo facto de terem sido modificadas artificialmente para conveniência dos seres humanos?" é apresentado na Figura 8. A maioria das pessoas sente-se preocupada com a utilização de culturas NBT modificadas artificialmente.

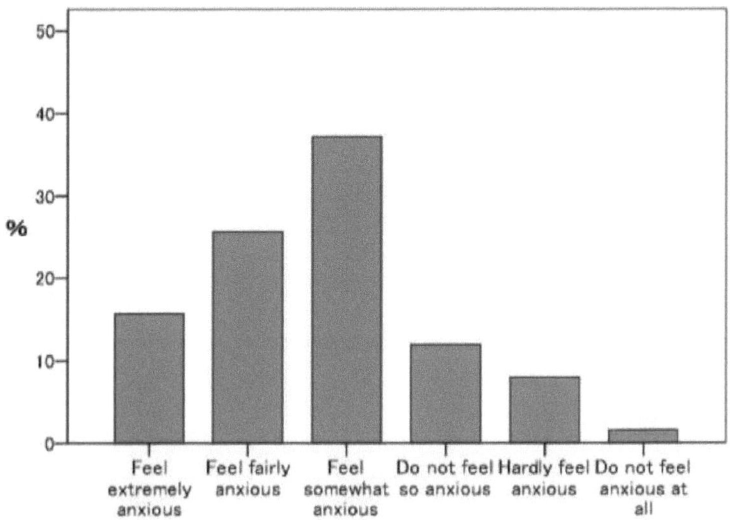

Figura 8: Sente-se preocupado com as culturas NBT porque foram modificadas artificialmente para conveniência dos seres humanos? (V 41)

w) Raiva

O resultado da V 50, "Acha que a NBT torna a nossa vida alimentar e quotidiana mais rica?", é apresentado na Figura 9. Evidentemente, os participantes podem ser divididos em dois grupos com base nas suas opiniões: os que pensam que a NBT torna a nossa vida alimentar e quotidiana mais rica e os que não pensam assim.

w) Aceitação pessoal

O resultado da V 53, "Importa-se de comprar legumes e frutas cultivados com recurso à NBT ou não os quer comprar?", é apresentado na Figura 10. A Figura 10 mostra que a maioria dos participantes não queria comprar legumes e frutas cultivados com recurso à NBT.

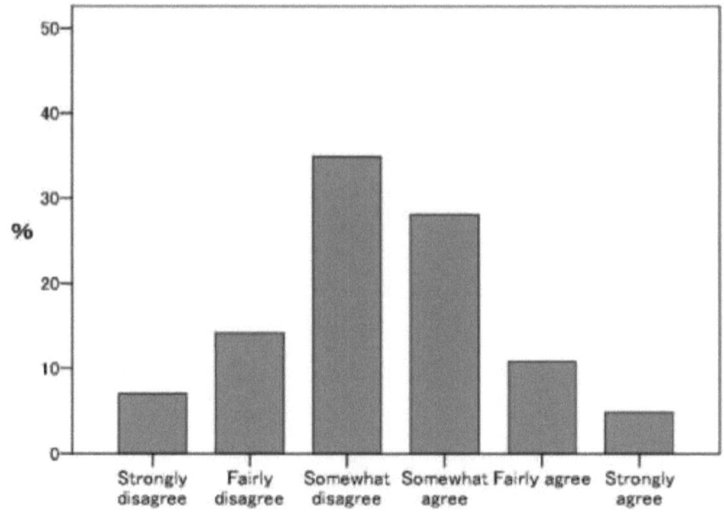

Figura 9: Considera que os NBT tornam a nossa vida alimentar e quotidiana mais rica? (V 50)

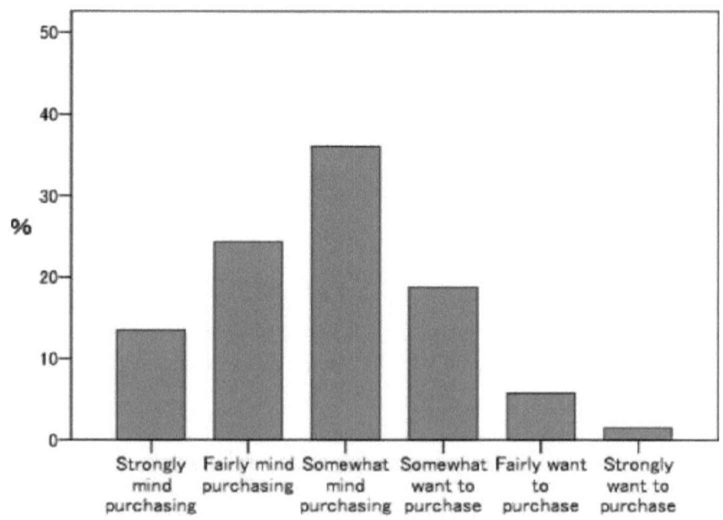

Figura 10: Importa-se de comprar legumes e frutas cultivados com NBTs ou não quer comprá-los? (V 53)

^) Aceitação pública

O resultado da pergunta V56, "Acha que os consumidores japoneses devem aceitar as culturas que utilizam NBT?", é apresentado na figura 11. Embora alguns participantes considerem que os consumidores japoneses devem aceitar as culturas NBT, a maioria não pensa assim.

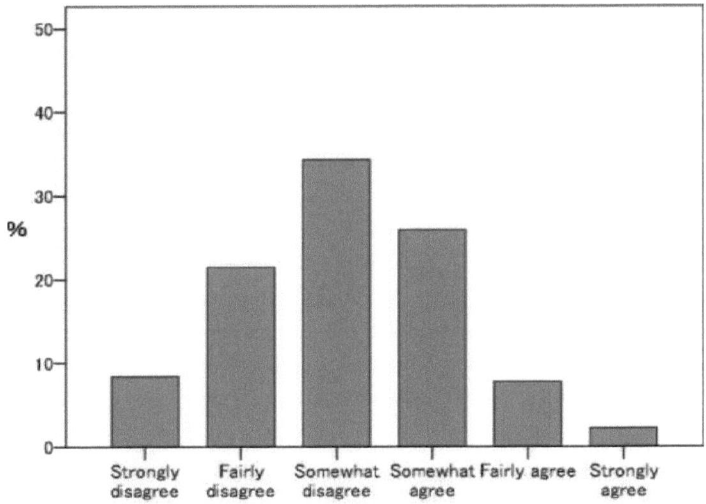

Figura 11: Acha que os consumidores japoneses devem aceitar as culturas cultivadas com NBTs? (V 56)

(2) Diferenças entre os sexos

Relativamente aos 25 itens apresentados no quadro 2, foram efectuados testes *t* entre as pontuações dos homens e das mulheres para confirmar as diferenças entre os sexos nas atitudes em relação às culturas NBT. Os resultados correspondentes são apresentados no Quadro 3, e uma pontuação maior indica uma atitude mais positiva. As análises revelaram uma diferença significativa ($p < 0,05$) e marginalmente significativa ($p < 0,10$) entre as pontuações de homens e mulheres em vários itens, com os homens exibindo pontuações mais altas do que as mulheres em todos os itens. Assim, os homens tiveram atitudes mais positivas em relação às culturas NBT como um todo.

Para avaliar as diferenças entre os sexos em relação a cada fator, a pontuação do fator foi primeiro calculada para cada fator com base nas pontuações médias dos itens representativos correspondentes apresentados na Tabela 2. Por exemplo, a pontuação do fator para o risco percebido (F1) foi calculada com base na pontuação média em V3, V5 e V8. Subsequentemente, foram realizados testes *t* entre as pontuações dos factores dos homens e das mulheres para confirmar as diferenças entre os sexos nas atitudes em relação às culturas NBT para cada fator. Os resultados correspondentes foram apresentados na Tabela 4, com pontuações maiores indicando uma atitude mais positiva. Os resultados revelaram diferenças significativas ($p < 0,05$) e marginalmente significativas ($p < 0,10$) entre a pontuação média masculina e a pontuação média feminina para quase todos os factores, e a pontuação média masculina foi maior do que a pontuação média feminina para todos esses factores. Por conseguinte, os homens demonstraram uma atitude mais positiva do que as mulheres em relação a cada fator.

Quadro 3: Comparação entre as atitudes dos homens e das mulheres em relação às culturas NBT

Fator (Itens)	Pontuação média masculina	Pontuação média das mulheres	df	valor t
Fator 1 : Perceção do risco				
V3	3.25[a]	2.99	432	2.46*
V5	3.02	2.84	450	1.69⁺
V8	2.94	2.67	434	2.49*
Fator 2: Benefício percebido				
Vll	3.67	3.45	437	2.03*
V12	3.85	3.57	450	2.65 **
V14	3.84	3.62	450	2.22*
V15	3.50	3.38	440	1.17
V18	3.49	3.18	442	3.01**
Fator 3: Confiança				
V23	4.04	3.93	450	1.20
V24	4.05	3.95	442	1.02
V26	3.97	3.74	450	2.49*
Fator 4: Sentido da bioética				
V29	3.18	3.00	435	1.58
V30	3.13	2.95	435	1.72⁺
V35	3.01	2.93	423	0.78
Fator 5: Ansiedade				
V39	2.64	2.51	439	1.26
V40	2.66	2.43	440	2.08*
V41	2.91	2.60	430	2.80**
Fator 6: Raiva				
V49	3.43	3.17	444	2.21*
V50	3.54	3.18	437	3.14**
V51	3.00	2.94	434	0.55
Fator 7: Aceitação pessoal				
V52	3.05	2.65	424	3.35**
V53	2.95	2.72	435	2.17*
V54	3.01	2.74	434	2.52*
Fator 8: Aceitação do público				
V56	3.20	3.00	436	1.88⁺
V57	3.18	3.00	437	1.68⁺

[a] A escala varia de 1 a 6 e uma pontuação maior revela uma atitude mais positiva. ⁺ $p < .10$, $*p < .05$, $**p < .01$

Quadro 4: Comparação entre as atitudes dos homens e das mulheres em relação às culturas NBT (pontuação dos factores)

Fator	Pontuação média masculina	Pontuação média das mulheres	df	valor t
Fator 1: Risco percebido	3.07[a]	2.83	436	2.38*
Fator 2: Benefício percebido	3.67	3.44	440	2.48*
Fator 3: Confiança	4.02	3.87	450	1.68^{+}
Fator 4: Sentido da bioética	3.11	2.96	431	1.41
Fator 5: Ansiedade	2.74	2.51	436	2.16*
Fator 6: Raiva	3.32	3.10	439	2.08*
Fator 7: Aceitação pessoal	3.00	2.70	432	2.84**
Fator 8: Aceitação do público	3.19	3.00	437	1.81^{+}

[a] A escala varia de 1 a 6, sendo que pontuações mais elevadas indicam uma atitude mais positiva.$^{+}$ $p<.10$, $*p<.05$, $**p<.01$

(3) Diferença de idade

Os 25 itens apresentados no Quadro 2 foram utilizados para efetuar análises de variância unidireccionais (ANOVA unidirecional) para confirmar as diferenças de idade nas atitudes em relação às culturas NBT. Os dados originais incluíam 6 grupos etários, ou seja, 20-29 anos, 30-39 anos, 40-49 anos, 50-59 anos, 60-69 anos e 70 anos ou mais. Para simplificar a análise dos dados, estes 6 grupos etários foram recategorizados em 3 grupos etários, ou seja, 20-29 e 30-39 foram recategorizados como o grupo etário jovem, 40-49 e 50-59 foram recategorizados como o grupo etário médio, e aqueles com mais de 60 anos foram recategorizados como o grupo etário idoso. A análise dos dados foi efectuada utilizando estes 3 grupos etários e os resultados correspondentes são apresentados na Tabela 5. Não foram observadas diferenças entre os grupos etários em quase todos os itens, à exceção de 1 item sobre benefício percebido e 2 itens sobre ansiedade. Em relação a estes 3 itens, encontrámos diferenças de idade principalmente entre os grupos etários jovem e idoso, com os participantes do grupo etário jovem a exibirem atitudes mais positivas em relação à NBT, em comparação com os do grupo etário idoso.

Para avaliar as diferenças de idade em cada fator, as pontuações dos factores foram utilizadas para realizar ANOVAs unidireccionais entre os 3 grupos etários. Os resultados são apresentados no Quadro 6, sendo que as pontuações mais elevadas indicam uma atitude mais positiva. Mais uma vez, não houve diferenças entre os 3 grupos etários em relação a quase todos os factores. No entanto, a ansiedade apresentou uma diferença marginalmente significativa ($p < 0,10$) entre os grupos etários jovem e idoso. Especificamente, os participantes do grupo etário mais velho tendiam a sentir-se mais ansiosos em relação aos NBT, em comparação com os seus homólogos mais jovens.

Quadro 5: Comparação das atitudes em relação às culturas NBT entre os grupos etários

Fator (Itens)	Média Y[a] score	Média M[b] pontuação	Pontuação média O[c]	df	Valor F
Fator 1 : Perceção do risco					
V3	3.17[d]	3.19	3.00	2, 449	1.19
V5	3.05	2.89	2.85	2, 449	1.31
V8	2.89	2.82	2.70	2, 449	1.09
Fator 2: Benefício percebido					
V11	3.68[1]	3.63	3.35[1]	2, 449	3.46*
V12	3.75	3.74	3.62	2, 449	0.63
V14	3.80	3.74	3.64	2, 449	0.79
V15	3.47	3.43	3.42	2, 449	0.08
V18	3.41	3.34	3.26	2,449	0.65
Fator 3: Confiança					
V23	4.03	3.98	3.94	2, 449	0.26
V24	4.03	3.98	4.00	2, 449	0.10
V26	3.85	3.85	3.88	2, 449	0.07
Fator 4: Sentido da bioética					
V29	3.15	3.09	3.03	2, 449	0.42
V30	3.16	2.99	2.96	2, 449	1.35
V35	3.05	2.96	2.90	2, 449	0.59
Fator 5: Ansiedade					
V39	2.79[1,2]	2.52[2]	2.42[1]	2, 449	4.32*
V40	2.75[1]	2.52	2.37’	2, 449	3.76*
V41	2.86	2.68	2.73	2, 449	0.95
Fator 6: Raiva					
V49	3.31	3.34	3.23	2, 449	0.33
V50	3.40	3.36	3.32	2, 449	0.15
V51	3.02	3.01	2.88	2, 449	0.52
Fator 7: Aceitação pessoal					
V52	3.05	2.79	2.73	2,449	2.60[+]
V53	2.88	2.76	2.88	2, 449	0.55
V54	2.95	2.80	2.88	2, 449	0.66
Fator 8: Aceitação do público					
V56	3.22	3.06	3.01	2, 449	1.34
V57	3.21	3.03	3.03	2, 449	1.26

[a] Y: Grupo etário jovem,[b] M: Grupo etário médio.[c] O: Grupo de idade avançada.

[d] A escala varia de 1 a 6, sendo que as pontuações mais elevadas indicam uma atitude mais positiva

[1] A diferença entre Y e O (O < Y) foi significativa *(p < .05)*.

[2] A diferença entre Y e M (M < Y) foi marginalmente significativa (p < . 10).

[+]p<.10, *p<.05

Quadro 6: Comparação das atitudes em relação às culturas NBT entre grupos etários (pontuação dos factores)

Fator	Média Y[a] pontuação	Média M[t] pontuação	Pontuação média O[c]	df	Valor F
Fator 1: Risco percebido	3.04[a]	2.97	2.85	2, 449	1.15
Fator 2: Benefício percebido	3.62	3.58	3.46	2, 449	1.03
Fator 3: Confiança	3.97	3.93	3.94	2, 449	0.05
Fator 4: Sentido da bioética	3.12	3.01	2.96	2, 449	0.77
Fator 5: Ansiedade	2.80[I II]	2.57	2.51[1]	2, 449	2.87[+]
Fator 6: Raiva	3.24	3.24	3.14	2, 449	0.33
Fator 7: Aceitação pessoal	2.96	2.78	2.83	2, 449	0.99
Fator 8: Aceitação do público	3.21	3.04	3.02	2, 449	1.33

(4) Diferenças no que respeita a ter filhos

Utilizando os 25 itens apresentados no Quadro 2, foram efectuados *testes t* para verificar se as atitudes diferiam consoante o participante tivesse filhos com menos de um ano de escolaridade. Os resultados correspondentes são apresentados na Tabela 7, com pontuações maiores indicando atitudes mais positivas. Verificaram-se diferenças significativas ($p < 0,05$) entre os participantes com e sem filhos, tendo os segundos apresentado atitudes mais positivas em relação às culturas NBT do que os primeiros.

Posteriormente, as pontuações dos factores foram utilizadas para realizar *testes t* para examinar as diferenças entre os factores nas atitudes das pessoas com e sem filhos em relação às culturas NBT. Os resultados são apresentados na Tabela 8, sendo que pontuações maiores indicam uma atitude mais positiva. Verificaram-se diferenças significativas ($p < 0,05$) entre as pessoas com e sem filhos em quase todos os factores, com o último grupo a apresentar atitudes mais positivas em comparação com as pessoas com filhos. Assim, de um modo geral, as pessoas sem filhos tiveram atitudes mais positivas em relação às culturas NBT do que as pessoas com filhos.

---

[a] A escala varia de 1 a 6, sendo que as pontuações mais elevadas indicam uma atitude mais positiva

[II] A diferença entre Y e O (O < Y) foi marginalmente significativa (p < . 10).[+] p<.10

Quadro 7: Comparação das atitudes em relação às culturas NBT entre os inquiridos com e sem filhos

Fator (Itens)	Pontuação média para quem tem filhos	Pontuação média para quem não tem filhos	df	valor t
Fator 1: Risco percebido				
V3	3.04[a]	3.16	450	-0.98
V5	2.62	3.05	450	3 63 * * *
V8	2.60	2.89	450	-2.46*
Fator 2: Benefício percebido				
Vll	3.57	3.55	450	0.18
V12	3.69	3.71	450	-0.18
V14	3.64	3.77	450	-1.13
V15	3.25	3.52	450	-2.23*
V18	3.17	3.40	246	-2.07*
Fator 3: Confiança				
V23	3.95	4.00	450	-0.43
V24	3.90	4.04	450	-1.33
V26	3.75	3.90	450	-1.47
Fator 4: Sentido da bioética				
V29	2.84	3.19	450	-2.89* *
V30	2.72	3.16	450	-3.85***
V35	2.67	3.09	450	-3.50* *
Fator 5: Ansiedade				
V39	2.36	2.66	450	-2.51*
V40	2.30	2.65	450	-2.84* *
V41	2.45	2.87	450	-3.47* *
Fator 6: Raiva				
V49	2.98	3.42	450	-3.42**
V50	3.08	3.47	450	-3.14**
V51	2.69	3.08	450	-2.86* *
Fator 7: Aceitação pessoal				
V52	2.50	2.99	450	-3.66***
V53	2.44	2.99	450	-4.68***
V54	2.50	3.02	450	-4.44***
Fator 8: Aceitação do público				
V56	2.72	3.24	450	4 42* * *
V57	2.71	3.24	450	-4.62***

[a] A escala varia de 1 a 6, com pontuações mais elevadas a indicar uma atitude mais positiva, $*p<.05$, $**p<.01$, $***p<.001$

Quadro 8: Comparação das atitudes em relação às culturas NBT entre os inquiridos com e sem Sem filhos (Pontuação do fator)

Fator	Pontuação média para quem tem filhos	Pontuação média para quem não tem filhos	df	valor t
Fator 1: Risco percebido	2.75[a]	3.03	450	-2.52*
Fator 2: Benefício percebido	3.47	3.59	450	-1.20
Fator 3: Confiança	3.87	3.98	450	-1.16
Fator 4: Sentido da bioética	2.74	3.15	450	-3.55***
Fator 5: Ansiedade	2.37	2.73	450	-3.10**
Fator 6: Raiva	2.92	3.32	450	-3.39* *
Fator 7: Aceitação pessoal	2.48	3.00	450	-4.46***
Fator 8: Aceitação do público	2.72	3.24	450	-4.60***

[a] A escala varia de 1 a 6, com pontuações mais elevadas a indicar uma atitude mais positiva

*p<.05, **p<.01, ***p <.001

Validade dos modelos psicológicos

A validade das previsões dos modelos psicológicos sobre a aceitação pessoal e pública das culturas NBT por parte do público em geral foi examinada através da SEM. Como já foi referido, a análise dos dados foi efectuada de forma hierárquica e repetida para formular um modelo final. A abordagem de modelação hierárquica é um método em que os dados são analisados passo a passo, da seguinte forma: (1) Os factores que determinam diretamente a aceitação (factores da fase 1: factores S1) são explorados e definidos no modelo na primeira fase. (2) Os factores que determinam os factores S1 (factores S2) são explorados e incluídos no modelo na segunda fase. Assim, embora os factores S2 não determinem diretamente a aceitação, os factores S2 afectam indiretamente a aceitação através dos factores S1. (3) Os factores que determinam os factores S2 (factores S3) são explorados e incluídos no modelo na terceira fase. Por conseguinte, embora os factores S3 não determinem a aceitação diretamente, os factores S3 afectam a aceitação através dos factores S1 e S2 indiretamente. Quando se consideram as influências diretas e indirectas, os factores S1 nem sempre são os mais influentes para a aceitação, e é possível que os factores S2 ou S3 sejam mais influentes para a aceitação do que os factores S1 no seu conjunto.

Por exemplo, ao formular um modelo sobre a "aceitação pessoal" das culturas NBT, os factores que previam diretamente a "aceitação pessoal" das culturas NBT foram revelados utilizando o SEM na primeira etapa. Em seguida, foram incluídos no modelo alguns dos factores supramencionados que previam indiretamente a "aceitação pessoal", ou seja, os factores que previam indiretamente a "aceitação pessoal", e todo o modelo foi novamente analisado utilizando o SEM. Assim, na primeira etapa, os factores que afectam diretamente a "aceitação do público" foram determinados utilizando a SEM; em seguida, foram incluídos factores indirectos para formular o modelo completo.

Os resultados finais relativos à qualidade do ajuste dos modelos psicológicos e ao coeficiente de determinação (R^2) são apresentados no quadro 9. Estes resultados indicam que os modelos finais construídos com base nos seis factores explicativos (ou seja, "risco percebido", "benefício percebido", "confiança", "sentido da bioética", "ansiedade" e "raiva") se ajustaram relativamente bem aos dados e explicaram muito bem a aceitação pessoal e pública das culturas NBT por parte do público em geral.

Tabela 9: Índices de ajuste e coeficientes de correlação múltipla ao quadrado (R^2) do modelo causal final que determina a aceitação pessoal e pública

	Z^2	*df*	GFI	TPI	RMSEA	R^2
Aceitação pessoal	648.50	166	.88	.96	.08	.90
Aceitação do público	588.67	149	.89	.96	.08	.89

O efeito total normalizado, que foi produzido pelos efeitos diretos e indirectos de cada fator na "aceitação pessoal" e na "aceitação pública", é apresentado no quadro 10. Para a "aceitação pessoal", o "sentido da bioética" foi um fator extremamente importante, e a "confiança", a "ansiedade" e a "raiva" também foram importantes. Para a "aceitação pública", o "sentido da bioética" e a "raiva" foram factores extremamente importantes, e a "confiança" foi um fator bastante importante.

Tabela 10: Efeitos totais padronizados de cada fator para a aceitação pessoal e pública

	Percebida Risco	Percebida Benefício	Confiança	Sentido de Bioética	Ansiedade	Raiva
Aceitação pessoal	.32	.25	.62	.83	.45	.53
Aceitação do público	.28	.24	.65	.80	.18	.78

Os modelos finais que previram a "aceitação pessoal" e a "aceitação pública" das culturas NBT foram apresentados nas Figuras 12 e 13, respetivamente. Os valores representam as estimativas normalizadas, e todos os coeficientes de caminho foram significativos ($p < .05$). Isto indica que, tanto para a "aceitação pessoal" como para a "aceitação pública" das culturas NBT, a "ansiedade" e a "raiva" tiveram um efeito direto, enquanto a "perceção do risco", a "perceção do benefício", a "confiança" e o "sentido da bioética" tiveram um efeito indireto.

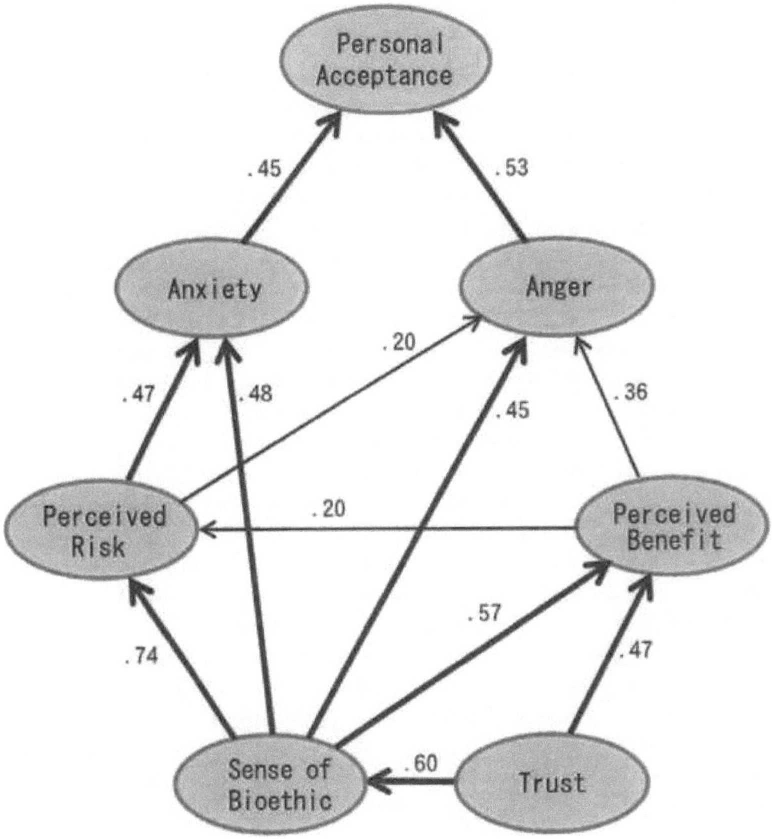

Figura 12: O Modelo Causal Final sobre a Aceitação Pessoal da NBT.

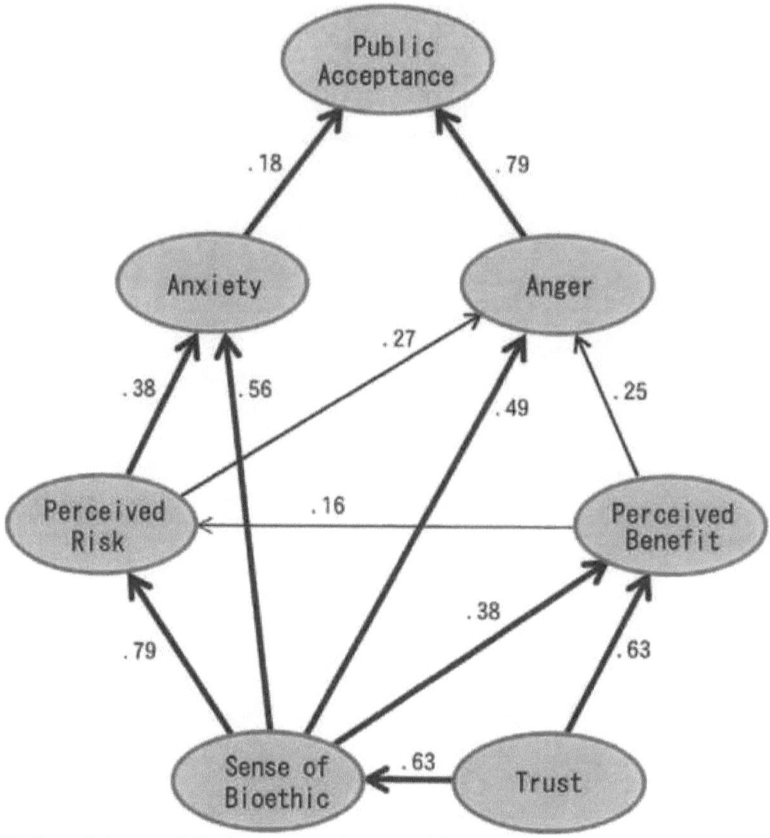

Figura 13: O modelo causal final sobre a aceitação pública do NBT.

Investigação do nível de aceitação e classificação de vários tipos de produtos NBT (1) Tabulação simples

Para cada um dos 26 produtos NBT cuja investigação e desenvolvimento estão atualmente em curso no Japão, foram medidos o "risco percebido", o "benefício percebido", a "aceitação pessoal" e a "aceitação pública", tendo sido calculadas as respectivas pontuações médias e desvios-padrão (DP). Estes resultados são apresentados nos quadros 11 a 14. O quadro 11 mostra que o "cedro japonês que não emite pólen", as "flores com novas cores" e a "erva de pasto digerível" tendem a ser considerados relativamente seguros. Por outro lado, o "milho resistente a herbicidas" e as "sementes de colza resistentes a herbicidas" tendem a ser considerados perigosos, e os "frutos com tempo de reprodução reduzido" e os "melões com um prazo de validade longo" também tendem a ser considerados relativamente perigosos.

O quadro 12 mostra que o "cedro japonês que não emite pólen" foi considerado o mais benéfico entre os 26 produtos NBT, e o "arroz de alto rendimento", a "massa de trigo sarraceno que pode ser consumida por pessoas com alergia à massa de trigo sarraceno", o "tomate de alto rendimento", as "flores com novas cores", o "tomate fácil de colher" e o "trigo resistente a doenças" foram considerados relativamente benéficos. Por outro lado, o "milho resistente a herbicidas", as "uvas Shine Muscat (uvas) com peles vermelhas verdadeiras", a "soja inodora", os "pimentos verdes de grandes dimensões", as "sementes de colza resistentes a herbicidas", o "atum calmo e fácil de cultivar", os "frutos com tempo de reprodução reduzido" e os "melões com um longo período de conservação" não foram considerados substancialmente benéficos.

O quadro 13 mostra que nenhum produto NBT foi fortemente aceite a nível pessoal e que o "óleo para baixar o colesterol", a "colza que reduz os triglicéridos", os "legumes e frutos que contêm antioxidantes", a "beterraba sacarina que contém oligossacáridos benéficos para os intestinos" e a "massa de trigo sarraceno que pode ser consumida por pessoas alérgicas à massa de trigo sarraceno" foram relativamente aceites. Por outro lado, "sementes de colza resistentes a herbicidas", "milho resistente a herbicidas", "pimentos verdes de tamanho grande", "frutos com tempo de reprodução reduzido", "atum calmo e fácil de cultivar", "uvas Shine Muscat (uvas) com peles vermelhas verdadeiras" e "melões com um prazo de validade longo" não foram aceites pessoalmente.

O quadro 14 mostra que o "cedro japonês que não emite pólen" foi considerado o mais socialmente aceitável entre os 26 produtos NBT. Além disso, a sua pontuação média excedeu a mediana da escala de classificação (3,50). Além disso, as "flores com novas cores", a "massa de trigo sarraceno que pode ser consumida por pessoas com alergias à massa de trigo sarraceno", o "óleo para baixar o colesterol", a "colza que reduz os triglicéridos", o "arroz de alto rendimento" e o "tomate de alto rendimento" foram relativamente aceites socialmente entre os 26 produtos da NBT. Por outro lado, as "sementes de colza resistentes a herbicidas", o "milho resistente a herbicidas", os "pimentos verdes de tamanho grande", os "melões de longa duração", os "frutos com tempo de reprodução reduzido", o "atum calmo e fácil de cultivar" e as "uvas Shine Muscat (uvas) com peles vermelhas verdadeiras" não foram aceites socialmente.

(2) Análise de clusters

Inicialmente, foram efectuadas ANOVAs de medidas repetidas unidireccionais entre os 26 produtos NBT para analisar o seu grau de aceitação pelo público. No entanto, como havia demasiados pares, os resultados eram muito complexos e difíceis de interpretar. Por conseguinte, foi efectuada uma análise de agrupamento para desenvolver uma classificação categórica aproximada dos 26 produtos da NBT, utilizando os factores "risco percebido", "benefício percebido" e "aceitação pelo público". O resultado é descrito na Figura 14.

A Figura 14 mostra que os 26 produtos NBT podem ser classificados, grosso modo, em dois grupos, um com itens que são relativamente aceites socialmente e outro com itens que não são relativamente aceites socialmente. Além disso, o primeiro grupo pode ser classificado em três subgrupos. O primeiro grupo (G1) inclui os itens mais aceites socialmente e inclui apenas o "cedro japonês que não emite pólen". O segundo grupo (G2) incluía os itens que ocupavam o segundo lugar em termos de aceitação social e era composto por dois itens, "massa de trigo sarraceno que pode ser consumida por indivíduos com alergia a massa de trigo sarraceno" e "flores com novas cores". O terceiro grupo (G3) incluía itens que ficaram em terceiro lugar na aceitação social, incluindo "batatas que não contêm substâncias tóxicas", "pasto digerível", "trigo resistente a doenças", "pasto que ajuda a produção de leite e melhora a qualidade do leite", "óleo para baixar o colesterol", "colza que reduz os triglicéridos", "legumes e frutos que contêm anti-oxidantes", "tomates fáceis de colher", "beterraba sacarina que contém oligossacáridos benéficos para os intestinos", "arroz de alto rendimento" e "tomates de alto rendimento".

O grupo com baixa aceitação social pode ainda ser classificado em dois grupos. O primeiro grupo (G4) inclui itens que foram menos rejeitados, incluindo "tomates resistentes a doenças", "cebolas que não induzem a produção de lágrimas", "arroz suplementado com aminoácidos", "soja inodora" e "alimentos para animais com prazo de validade longo". O segundo grupo (G5) incluía os itens mais fortemente rejeitados, incluindo "milho resistente a herbicidas", "sementes de colza resistentes a herbicidas", "pimentos verdes de grandes dimensões", "frutos com tempo de reprodução reduzido", "melões com um longo período de conservação", "uvas Shine Muscat (uvas) com peles vermelhas verdadeiras" e "atum calmo e fácil de cultivar".

(3) Comparações das pontuações médias de cada grupo

Foram observadas diferenças significativas nas pontuações médias de aceitação pública entre os 5 grupos identificados na análise de clusters. Em primeiro lugar, no que se refere a G2-G5, as pontuações médias dos grupos para a aceitação do público foram calculadas individualmente, utilizando as pontuações dos factores para a aceitação do público que foram calculadas em "Atitudes das pessoas em relação às culturas NBT e diferenças entre atribuições" na secção "(2) Diferenças de sexo". As pontuações médias da aceitação pública de vários produtos NBT incluídos em cada grupo apresentado na figura 14 foram definidas como as pontuações médias de aceitação pública do grupo. Por exemplo, no caso de G2, a pontuação média de "massa de trigo sarraceno que pode ser consumida por pessoas com alergia a massa de trigo sarraceno" e "flores com novas cores" foi considerada como a pontuação média do grupo para a aceitação pública de G2. Assim, a pontuação média do G1 foi de 3,67 (DP = 1,50), a do G2 foi de 3,41 (DP = 1,29), a do G3 foi de 3,27 (DP = 1,23), a do G4 foi de 3,16 (DP = 1,21) e a do G5 foi de 3,04 (DP = 1,22). Usando essas pontuações médias dos grupos G1-G5, foram realizadas ANOVAs de medidas repetidas de uma via e os resultados indicaram diferenças significativas ($p < 0,05$) entre esses grupos (F (4,1764) = 104,38, $p < 0,001$). Em seguida, para confirmar as diferenças entre cada grupo em detalhes, foram realizadas comparações múltiplas post hoc. O resultado mostrou diferenças significativas ($p < 0,001$) entre G1 e G2, G1 e G3, G1 e G4, G1 e G5, G2 e G3, G2 e G4, G2 e G5, G3 e G4, G3 e G5 e G4 e G5. Portanto, houve diferenças significativas entre todas as pontuações médias de G1 a G5, e o grau de aceitação pública para esses grupos estava na seguinte ordem crescente: G1, G2, G3, G4 e G5. Estes resultados foram apresentados na Figura 5.

Quadro 11 : Perceção do risco em relação a vários tipos de produtos NBT

Tipos de culturas NBT	Pontuação média	Desvio padrão (DP)
(a) Arroz de alto rendimento	3.32[a]	1.16
(b) Arroz suplementado com aminoácidos	3.09	1.14
(c) Trigo resistente às doenças	3.17	1.20
(d) Soja inodora	3.15	1.15
(e) Óleo para baixar o colesterol	3.22	1.20
(f) Sementes de colza que reduzem os triglicéridos	3.24	1.18
(g) Batatas que não contenham substâncias tóxicas	3.15	1.25
(h) Massa de trigo mourisco que pode ser consumida por pessoas com alergias a massas de trigo sarraceno	3.27	1.26
(i) Beterraba sacarina contendo oligossacáridos benéficos para os intestinos	3.33	1.16
(j) Produtos hortícolas e frutos que contenham anti-oxidantes	3.23	1.17
(k) Tomates de alto rendimento	3.33	1.19
(1) Tomates fáceis de colher	3.32	1.18
(m) Tomates resistentes a doenças	3.19	1.21
(n) Cebolas que não induzem a produção de lágrimas	3.16	1.18
(o) Pimentos verdes de tamanho grande	3.09	1.20
(p) Frutos com tempo de reprodução reduzido	3.00	1.24
(q) Melões de longa duração	3.00	1.25
(r) Shine Muscat (uvas) com peles vermelhas verdadeiras	3.12	1.21
(s) Alimentos para animais com prazo de validade longo	3.02	1.28
(t) Pastagens que favorecem a produção de leite e melhoram a qualidade do leite	3.25	1.23
(u) Erva de pastagem digerível	3.36	1.21
(v) Flores com novas cores	3.60	1.29
(w) Cedro japonês que não emite pólen	3.61	1.33
(x) Atum calmo e fácil de cultivar	3.06	1.24
(y) Resistente a herbicidas com	2.82	1.27
(z) Sementes de colza resistentes a herbicidas	2.84	1.27

[a] A escala varia entre 1 "extremamente perigoso" e 6 "extremamente seguro", sendo que pontuações mais elevadas indicam uma atitude mais positiva.

Quadro 12: Perceção dos benefícios em relação a vários tipos de produtos NBT

Tipos de culturas NBT	Pontuação média	Desvio padrão (DP)
(a) Arroz de alto rendimento	3.63[a]	1.26
(b) Arroz suplementado com aminoácidos	3.31	1.22
(c) Trigo resistente às doenças	3.52	1.31
(d) Soja inodora	3.21	1.20
(e) Óleo para baixar o colesterol	3.47	1.30
(f) Sementes de colza que reduzem os triglicéridos	3.49	1.30
(g) Batatas que não contenham substâncias tóxicas	3.38	1.30
(h) Massa de trigo mourisco que pode ser consumida por pessoas com alergias a massas de trigo sarraceno	3.63	1.36
(i) Beterraba sacarina contendo oligossacáridos benéficos para os intestinos	3.44	1.31
(j) Produtos hortícolas e frutos que contenham anti-oxidantes	3.45	1.30
(k) Tomates de alto rendimento	3.58	1.30
(1) Tomates fáceis de colher	3.55	1.31
(m) Tomates resistentes a doenças	3.47	1.34
(n) Cebolas que não induzem a produção de lágrimas	3.31	1.30
(o) Pimentos verdes de tamanho grande	3.22	1.26
(p) Frutos com tempo de reprodução reduzido	3.27	1.32
(q) Melões de longa duração	3.29	1.33
(r) Shine Muscat (uvas) com peles vermelhas verdadeiras	3.21	1.26
(s) Alimentos para animais com prazo de validade longo	3.39	1.33
(t) Pastagens que favorecem a produção de leite e melhoram a qualidade do leite	3.49	1.32
(u) Pastagens digeríveis	3.48	1.29
(v) Flores com novas cores	3.56	1.34
(w) Cedro japonês que não emite pólen	3.84	1.40
(x) Atum calmo e fácil de cultivar	3.27	1.28
(y) Resistente a herbicidas com	3.21	1.31
(z) Sementes de colza resistentes a herbicidas	3.23	1.33

[a] A escala varia entre 1 "nada benéfico" e 6 "extremamente benéfico", sendo que uma pontuação mais elevada indica uma atitude mais positiva.

Tabela 13: Aceitação pessoal em relação a vários tipos de produtos NBT (foram excluídos os produtos que não são fontes de alimentação)

Tipos de culturas NBT	Pontuaçã o média	Desvio padrão (DP)
(a) Arroz de alto rendimento	2.29[a]	1.16
(b) Arroz suplementado com aminoácidos	2.84	1.19
(c) Trigo resistente às doenças	2.84	1.20
(d) Soja inodora	2.85	1.21
(e) Óleo para baixar o colesterol	3.10	1.31
(f) Sementes de colza que reduzem os triglicéridos	3.08	1.33
(g) Batatas que não contenham substâncias tóxicas	2.93	1.31
(h) Massa de trigo mourisco que pode ser consumida por pessoas com alergias a massas de trigo sarraceno	3.01	1.33
(i) Beterraba sacarina contendo oligossacáridos benéficos para os intestinos	3.05	1.31
(j) Produtos hortícolas e frutos que contenham anti-oxidantes	3.08	1.34
(k) Tomates de alto rendimento	2.99	1.21
(1) Tomates fáceis de colher	2.97	1.21
(m) Tomates resistentes a doenças	2.88	1.25
(n) Cebolas que não induzem a produção de lágrimas	2.88	1.27
(o) Pimentos verdes de tamanho grande	2.75	1.18
(p) Frutos com tempo de reprodução reduzido	2.79	1.25
(q) Melões de longa duração	2.81	1.33
(r) Shine Muscat (uvas) com peles vermelhas verdadeiras	2.81	1.28
(x) Atum calmo e fácil de cultivar	2.81	1.30
(y) Resistente a herbicidas com	2.65	1.32
(z) Sementes de colza resistentes a herbicidas	2.60	1.27

[a] A escala varia entre I "não me importo de comer" e 6 "quero muito comer", sendo que pontuações mais elevadas indicam uma atitude mais positiva.

Quadro 14: Aceitação pelo público de vários tipos de produtos NBT

Tipos de culturas NBT	Pontuação média	Desvio padrão (DP)
(a) Arroz de alto rendimento	3.30[a]	1.26
(b) Arroz suplementado com aminoácidos	3.14	1.21
(c) Trigo resistente às doenças	3.24	1.27
(d) Soja inodora	3.15	1.24
(e) Óleo para baixar o colesterol	3.33	1.30
(f) Sementes de colza que reduzem os triglicéridos	3.33	1.31
(g) Batatas que não contenham substâncias tóxicas	3.22	1.33
(h) Massa de trigo mourisco que pode ser consumida por pessoas com alergias a massas de trigo sarraceno	3.40	1.39
(i) Beterraba sacarina contendo oligossacáridos benéficos para os intestinos	3.27	1.30
(j) Produtos hortícolas e frutos que contenham anti-oxidantes	3.27	1.34
(k) Tomates de alto rendimento	3.29	1.26
(1) Tomates fáceis de colher	3.27	1.27
(m) Tomates resistentes a doenças	3.19	1.30
(n) Cebolas que não induzem a produção de lágrimas	3.18	1.30
(o) Pimentos verdes de tamanho grande	3.01	1.22
(p) Frutos com tempo de reprodução reduzido	3.05	1.29
(q) Melões de longa duração	3.05	1.32
(r) Shine Muscat (uvas) com peles vermelhas verdadeiras	3.09	1.27
(s) Alimentos para animais com prazo de validade longo	3.13	1.30
(t) Pastagens que favorecem a produção de leite e melhoram a qualidade do leite	3.24	1.28
(u) Pastagens digeríveis	3.22	1.26
(v) Flores com novas cores	3.41	1.35
(w) Cedro japonês que não emite pólen	3.68	1.51
(x) Atum calmo e fácil de cultivar	3.09	1.30
(y) Resistente a herbicidas com	2.98	1.31
(z) Sementes de colza resistentes a herbicidas	2.96	1.30

[a] A escala varia entre 1 "fortemente contra" e 6 "fortemente a favor", sendo que pontuações mais elevadas indicam uma atitude mais positiva.

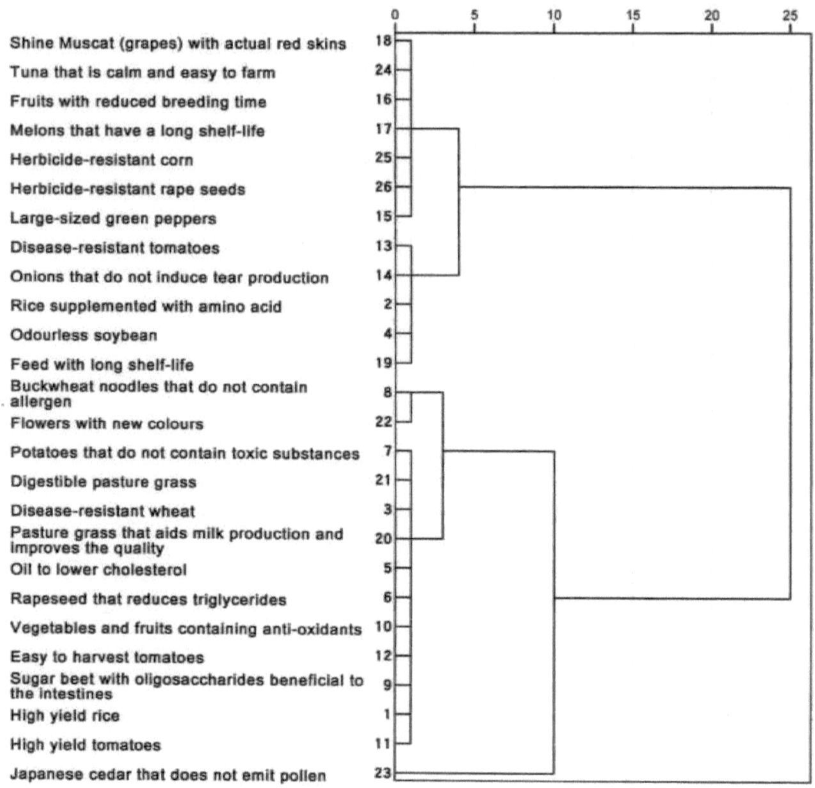

Figura 14: Classificação de 26 produtos com base no nível de aceitação pública através de uma análise de clusters

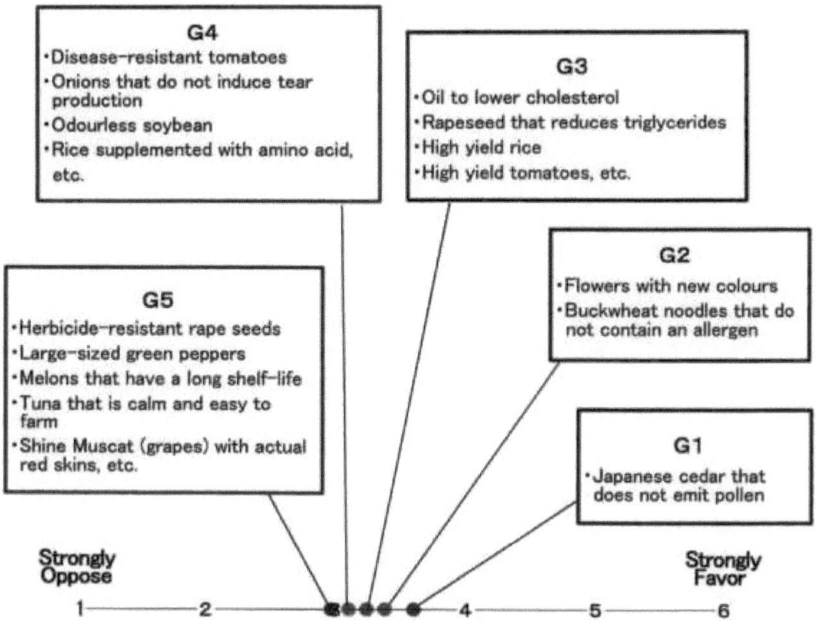

Figura 15: Pontuações médias de classificação de cada grupo e produtos NBT incluídos em cada grupo

DISCUSSÃO

Atitudes das pessoas em relação às culturas NBT e diferenças entre atribuições

Os resultados do presente inquérito social indicaram que, embora o público em geral reconheça, em certa medida, os benefícios das culturas NBT e os esforços das pessoas e empresas envolvidas nas culturas NBT, duvida da segurança das culturas NBT, sente-se ansioso em relação a elas, pensa que existem alguns problemas éticos relacionados com esses produtos e considera que é difícil aceitá-los pessoal e socialmente. Tal como no caso das culturas geneticamente modificadas, as pessoas acreditam que estes produtos podem conter substâncias tóxicas que podem afetar a nossa saúde, que podem causar alergias e que podem ter más influências nas crianças e nas gerações futuras. Além disso, o público em geral tende a sentir que não pode controlar por si próprio a criação e o fabrico de culturas NBT. Além disso, não podem ver o gene a olho nu ou senti-lo com os seus cinco sentidos. Como mencionado acima, como as culturas NBT têm algumas caraterísticas que preocupam o público em geral, pode-se dizer que essa perceção de risco tendenciosa pode levá-lo a rejeitar as culturas NBT (Tanaka, 2014).

O presente estudo registou diferenças entre os sexos nas atitudes em relação às culturas NBT, com os homens a exibirem uma atitude mais positiva do que as mulheres. Esses resultados reproduzem os de estudos anteriores (Tanaka, 2007; Breakwell, 2014). Essas diferenças entre os sexos podem ter ocorrido devido à influência dos papéis sexuais e à influência social e cultural. No entanto, como os resultados sobre o impacto destes factores são inconclusivos, este tópico requer uma investigação empírica mais aprofundada (Tanaka, 2007; Breakwell, 2014).

Foi também indicado que as pessoas com filhos tinham uma atitude mais negativa do que as que não tinham filhos. Isto pode dever-se ao facto de as pessoas com filhos colocarem a tónica na saúde da criança e, por conseguinte, poderem ter atitudes cautelosas em relação às culturas NBT. Seria interessante examinar as mudanças de atitude em relação às culturas NBT antes e depois de ter filhos.

Validade dos modelos psicológicos

À semelhança dos resultados do estudo de Tanaka (2015), em que foi utilizada uma formulação geral para as perguntas que constituem cada fator, no presente estudo foi utilizada uma formulação concreta para examinar a influência dos factores psicológicos de risco percebido, benefício percebido, confiança, sentido de bioética, ansiedade e raiva na aceitação pessoal e pública das culturas NBT por parte do público em geral. Os factores emocionais, como a confiança, o sentido da bioética, a ansiedade e a raiva, foram particularmente importantes para a aceitação das culturas NBT. Por outro lado, os factores cognitivos, como o risco percebido e o benefício percebido, foram factores importantes, mas não particularmente importantes para a aceitação das culturas NBT. Estudos futuros devem confirmar se esta é uma caraterística dos modelos de aceitação das culturas

NBT e GM, ou se os mesmos resultados seriam encontrados noutros modelos de aceitação de várias tecnologias.

Os resultados do estudo de Tanaka (2015) indicaram que a confiança e a ansiedade eram factores particularmente importantes para a aceitação pessoal e pública das culturas NBT. No entanto, no presente estudo, o sentido da bioética foi considerado particularmente importante tanto para a aceitação pessoal como pública das culturas NBT, e a raiva foi mais importante para a aceitação pública das culturas NBT do que a confiança e a ansiedade. Além disso, a ansiedade não foi tão importante para a aceitação pública das culturas NBT. Tendo em conta estes resultados, mesmo que o mesmo fator (por exemplo, a ansiedade) seja utilizado em diferentes modelos psicológicos, os significados e a importância da ansiedade como fator de previsão da aceitação podem ser diferentes se os itens de um estudo forem desenvolvidos utilizando termos gerais e, noutro estudo, forem desenvolvidos utilizando termos concretos. Por conseguinte, devemos ter em atenção as diferenças na redação das perguntas utilizadas nos modelos.

Investigação do nível de aceitação e classificação de vários tipos de produtos NBT

Pode dizer-se que os produtos NBT que não são alimentos são considerados relativamente seguros e benéficos e tendem a ser aceites pelo público em geral. Além disso, foi demonstrado que, no caso dos alimentos, as culturas NBT e os alimentos NBT cujos valores nutritivos foram aumentados são considerados relativamente benéficos e mais facilmente aceites pelas pessoas. Além disso, foi também indicado que as culturas NBT cujo rendimento foi aumentado e que foram melhoradas para serem colhidas facilmente são consideradas relativamente benéficas e aceitáveis.

Por outro lado, pode dizer-se que as culturas NBT que são resistentes aos produtos químicos agrícolas são facilmente consideradas perigosas e tendem a não ser aceites. A razão pela qual os "frutos com tempo de reprodução reduzido" são considerados um pouco perigosos e não tão benéficos e inaceitáveis pode ser o facto de serem considerados não naturais. Além disso, foi indicado que, no que diz respeito às "uvas Shine Muscat (uvas) com peles vermelhas verdadeiras" e ao "atum que é calmo e fácil de cultivar", os seus benefícios são considerados pequenos e o seu nível de aceitação é muito baixo entre os 26 produtos NBT utilizados desta vez. Por conseguinte, quando estes produtos NBT forem comercializados, será necessário melhorar as suas imagens e adotar algumas estratégias de marketing, realizando mais investigações sobre as razões das suas más imagens.

CAPÍTULO 4: DISCUSSÃO GERAL

Do ponto de vista científico, o risco das culturas NBT é considerado idêntico ao das culturas tradicionais de melhoramento vegetal. No entanto, com base nos resultados do inquérito social, pode dizer-se que, quando as culturas NBT forem distribuídas a partir de agora, existe a possibilidade de o público em geral sentir ansiedade, como no caso das culturas GM, e de ocorrer um movimento contra as culturas NBT. Além disso, se a situação se mantiver inalterada, será mesmo difícil cultivar comercialmente no Japão culturas NBT, tal como no caso das culturas GM. Por conseguinte, é necessário tomar algumas medidas, a partir de vários pontos de vista, para que o público em geral compreenda melhor as culturas NBT e possa aceitá-las.

Foi demonstrado que as mulheres têm uma atitude mais negativa do que os homens em relação às culturas NBT. Uma vez que as mulheres detêm a chave do consumo, especialmente no que diz respeito aos alimentos, é importante considerar medidas que lhes permitam compreender as culturas NBT e aceitá-las. Uma vez que também foi demonstrado que as pessoas com filhos têm uma atitude mais negativa do que as pessoas sem filhos em relação às culturas NBT, poderá ser necessário explicar as culturas NBT, salientando que as culturas NBT não prejudicam a saúde das crianças, para que os pais aceitem as culturas NBT.Como se verificou que o sentido da bioética é extremamente importante para a aceitação da NBT pelo público em geral, os conteúdos explicativos sobre bioética são indispensáveis quando os investigadores e os especialistas explicam a NBT ao público em geral. No entanto, uma vez que é difícil ensinar e explicar a bioética de forma simples, devem ser realizados estudos sobre os tipos de explicações de que o público em geral necessita e sobre a forma como o trabalho com esse público pode afetar as suas atitudes em relação ao sentido da bioética.Os modelos psicológicos deste estudo foram formulados com base nos conteúdos concretos gerados pelos participantes neste estudo, ou seja, o público em geral que ouviu uma palestra sobre culturas NBT e participou em discussões de grupo. Por conseguinte, estes modelos devem ser úteis para investigadores e especialistas desenvolverem conteúdos para explicar e fornecer informações sobre a NBT a outro público em geral. Os resultados deste estudo sugerem a realização de futuras investigações psicológicas sobre a forma de alterar as atitudes relativas à aceitação da NBT. A partir dos resultados da análise de clusters, verificou-se que 26 produtos NBT estão classificados em 5 grupos, de acordo com o grau de aceitação do público. Quando estes produtos NBT forem desenvolvidos e comercializados no futuro e as estratégias de venda forem consideradas, pode dizer-se que começar pelos produtos do grupo G1 é a chave para os promover sem problemas.No entanto, a Figura 7 indica que todos os graus de aceitação pública de G1-G5 se situam entre 3 "algo contra" e 4 "algo a favor", em termos de pontuação média, e mesmo o nível de aceitação pública do "cedro japonês que não emite pólen", incluído em G1, não é tão elevado. Por conseguinte, seria importante aprofundar o conhecimento do público em geral sobre a NBT e as biotecnologias conexas, tais como as técnicas tradicionais de reprodução de plantas e a tecnologia GM, e procurar aprofundar a reflexão do público em geral sobre os problemas bioéticos, a fim de cultivar a aceitação pública dos produtos NBT.

REFERÊNCIAS

Anderson, K., & Jackson, L. A. (2003). Porque é que as políticas dos EUA e da UE em relação aos OGM são tão diferentes? *AgBioForum*, 6(3), 95-100.

Araki, M., Nojima, K. & Ishii, T. (2014). Cuidados necessários para o manuseamento da tecnologia de edição do genoma. *Tendências em Biotecnologia*, 32(5), 234-237.

Breakwell, G. M. (2014). *A psicologia do risco (2ª ed.)*. Londres: Earthscan.

Bronfman, N. C., Vazquez, E. L., Gutierrez, V. V. & Cifuentes, L. A. (2008). Confiança, aceitação e conhecimento dos riscos tecnológicos e ambientais no Chile. *Journal of Risk Research*, 11(5-6), 755-773.

Costa-Font, M., Gil, J. M. & Traill, W. B. (2008). Aceitação, avaliação e atitudes dos consumidores em relação aos alimentos geneticamente modificados: Revisão e implicações para a política alimentar. *Food Policy*, 33(2), 99-111.

Comissão Europeia. (2010). Relatório sobre a biotecnologia: Eurobarómetro especial 341/Wave 73.1-TNS Opinion & Social 2010. Recuperado em 1 de julho de 2017, de http://ec.europa.eu/public_opinion/archives/ebs/ebs_341_en.pdf

Finucane, M. L., Alhakami, A., Slovic, P., & Johnson, S. M. (2000). The affect heuristic in judgments of risk and benefits. *Journal of Behavioral Decision Making*, 13(1), 117.

Frewer, L. (2003). Questões sociais e atitudes do público em relação aos alimentos geneticamente modificados. *Trends in Food Science and Technology*, 14(5), 319-332.

Gaskell, G., Allum, N., Bauer, M., Durant, J., Allansdottir, A., Bonfadelli, H., Boy, D., Cheveigné, S., Fjaestad, B., Gutteling, J. M., Hampel, J., Jels0e, E., Jesuino, J. C., Kohring, M., Kronberger, N., Midden, C., Nielsen, T. H., Przestalski, A., Rusanen, T., Sakellaris, G., Torgersen, H., Twardowski, T., & Wagner, W. (2000). A biotecnologia e o público europeu. *Nature Biotechnology*, 18(9), 935-938.

Gaskell, G., Allansdottir, A., Allum, N., Corchero, C., Fischler, C., Hampel, J., Jackson, J., Kronberger, N., Mejlgaard, N., Revuelta, G., Schreiner, C., Stares, S., Torgersen, H., & Wagner, W. (2006). *Os europeus e a biotecnologia em 2005: Patterns and Trends*. Bruxelas: Comissão Europeia. Recuperado em 12 de julho de 2017, de http://ec.europa.eu/research/press/2006/pdf/pr1906_eb_64_3_final_report- may2006_en.pdf

Hartung, F., & Schiemann, J. (2014). Reprodução precisa de plantas usando novas técnicas de edição de genoma: oportunidades, segurança e regulamentação na UE. *The Plant Journal*, 78 (5), 742-752.

Ishii, T., & Araki, M. (2016). Aceitação pelo consumidor de culturas alimentares desenvolvidas por edição do genoma. *Plant Cell Reports*, 35(7), 1507-1518.

Jaffe, G. (2014). Questões de consumo relacionadas a produtos de novas técnicas de edição de DNA. Em A. Eaglesham & R. W. F. Hardy (Eds.), *New DNA-Editing Approaches: Methods, Applications and Policy for Agriculture*, NABC Report, No. 26, pp.169-174. Recuperado emJulho23 , 2017, de http://nabc.cals.cornell.edu/Publications/Reports/nabc_26/NABC%20Report%202 6.pdf

Kanchiswamy, C. N., Sargent, D. J., Velasco, R., Maffei, M. E. & Malnoy, M. (2015). Olhando

para a frente para culturas de frutas geneticamente editadas. *Tendências em Biotecnologia*, 33(2), 62-64.
Keller, C., Bostrom, A., Kuttschreuter, M., Savadori, L., Spence, A. & White, M. (2012). Trazendo a teoria da avaliação para a perceção do risco ambiental: uma revisão das abordagens conceituais dos últimos 40 anos e sugestões para pesquisas futuras. *Journal of Risk Research*, 15(3-4), 237-256.
Lang, J., & Priest, S. (2007). Understanding receptivity to genetically modified foods, *Gastronomica*, 7(3), 88-92.
Lucht, J. M. (2015). Aceitação pública da biotecnologia vegetal e das culturas GM. *Vírus*, 7(8), 4254-4281.
Lusser, M., Parisi, C., Plan, D. & Rodriguez-Cerezo, E. (2011). *Novas técnicas de melhoramento vegetal: estado da arte e perspetivas de desenvolvimento comercial.* Relatório científico e técnico do Centro Comum de Investigação EUR 24860 EN. Recuperado em 20 de julho de 2017, de http://ftp.jrc.es/EURdoc/JRC63971.pdf
Macer, D., & Chen Ng, M. A. (2000). Mudança de atitudes em relação à biotecnologia no Japão. *Nature Biotechnology*, 18(9), 945-947.
McNally, B. & Titchener, K. (2012). O papel dos processos afectivos nas percepções de risco dos jovens condutores: uma abordagem de modelo de processo duplo. *Journal of Risk Research*, 15(1-2), 39-51.
Poortinga, W. & Pidgeon, N. F. (2005). Trust in risk regulation: cause or consequence of the acceptability of GM food? *Risk Analysis*, 25(1), 199-209.
Priest, S. H. (2000). US public opinion divided over biotechnology? *Nature Biotechnology*, 18(9), 939-942.
Schiemann, J. & Hartung, F. (2014). Perspectivas da UE sobre novas técnicas de melhoramento de plantas. Em A. Eaglesham & R. W. F. Hardy (Eds.), *New DNA-Editing Approaches: Methods, Applications and Policy for Agriculture*, NABC Report, No. 26, pp.169-174. Recuperado emJulho23 , 2017, de http://nabc.cals.cornell.edu/Publications/Reports/nabc_26/NABC%20Report%202 6.pdf
Slovic, P., Finucane, M. L., Peters, E., & MacGregor, D. G. (2004). Risk as analysis and risk as feelings: some thoughts about affect, risk, and rationality. *Risk Analysis*, 24(2), 311-322.
Spence, A., & Townsend, E. (2006). Examinar o comportamento do consumidor em relação aos alimentos geneticamente modificados (GM) na Grã-Bretanha. *Risk Analysis*, 26(3), 657-670.
Tanaka, Y. (2004). Principais factores psicológicos que afectam a aceitação da tecnologia de recombinação de genes. *Risk Analysis*, 24(6), 1575-1583.
Tanaka, Y. (2007). Japanese attitudes toward genetically modified (GM) foods from JGSS-2005 data. *Série de Investigação JGSS*, 3, 95-106. (Em japonês com resumo em inglês).
Tanaka, Y. (2013). Lacunas de atitude entre culturas convencionais de melhoramento de plantas e culturas GM, e modelos psicológicos que determinam a aceitação das duas culturas. *Journal of Risk Research*, 16(1), 69-80.
Tanaka, Y. (2014). Literacia de risco como uma educação geral do público. *Jornal Japonês de Análise de Risco*, 24(1), 31-39. (Em japonês com resumo em inglês).
Tanaka, Y. (2015). Principais factores psicológicos que afectam a aceitação de culturas NBT (Novas Técnicas de Reprodução). *Actas da reunião anual da Sociedade de Análise de Risco, Japão*,

Nagoya, Japão. (Em japonês com resumo em inglês).
Tanaka, Y., Kitayama, M., Arai, S. & Matsushima, Y. (2015). Principais factores psicológicos que afectam a aceitação dos aditivos alimentares pelo consumidor: Validade de um novo modelo psicológico. *British Food Journal*, 117(11), 2788-2800.
Townsend, E., & Campbell, S. (2004). Psychological determinants of willingness to taste and purchase genetically modified food (Determinantes psicológicos da vontade de provar e comprar alimentos geneticamente modificados). *Risk Analysis*, 24(5), 1385-93.
Xie, X. F., Wang, M., Zhang, R. G., Li, J. & Yu, Q. Y. (2011). O papel das emoções na comunicação de riscos. *Risk Analysis*, 31(3), 450-465.

MIX
Papier aus verantwortungsvollen Quellen
Paper from responsible sources
FSC® C105338

Printed by Books on Demand GmbH, Norderstedt / Germany